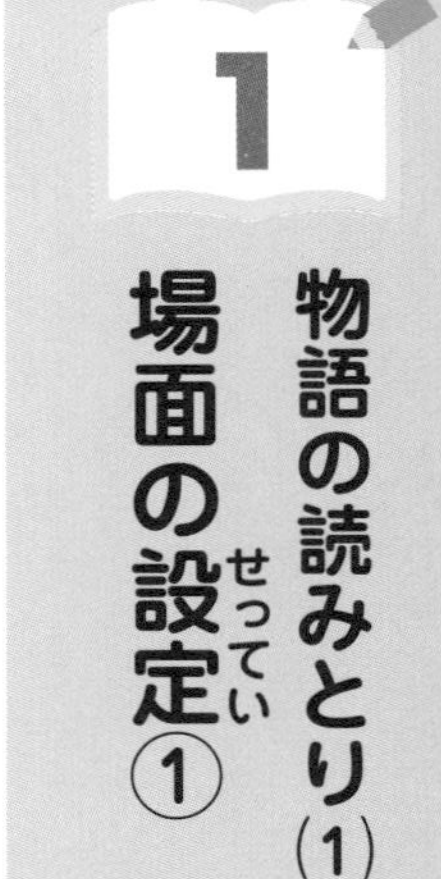

1 物語の読みとり(1) 場面の設定(せってい)①

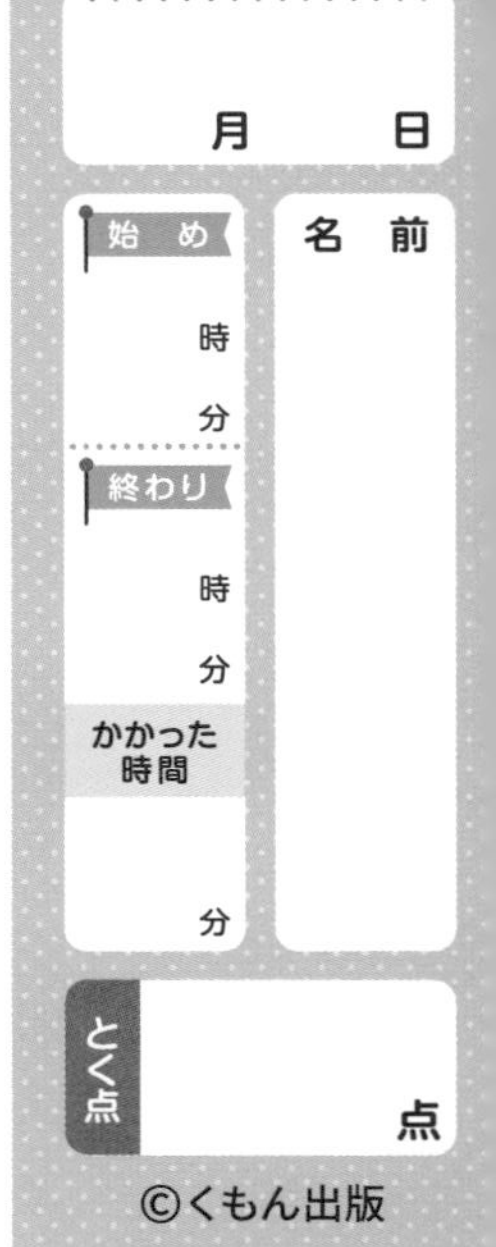

1 次の□の文を読んで、後の問題に答えましょう。（10点）

お昼の用意ができると、あきらが川原(かわら)から走ってきました。

(1) 「だれ」が、川原(かわら)から走ってきましたか。

〔(　　　　　)が、走ってきました。〕

2 次の文章を読んで、後の問題に答えましょう。（10点）

バタンという音が聞こえました。げん関の方を見ると、みずきがかばんを投げて、遊びに行くところでした。

(1) 「だれ」が、遊びに行くところでしたか。

〔(　　　　　)が、行くところでした。〕

3 次の文章を読んで、後の問題に答えましょう。（一つ10点）

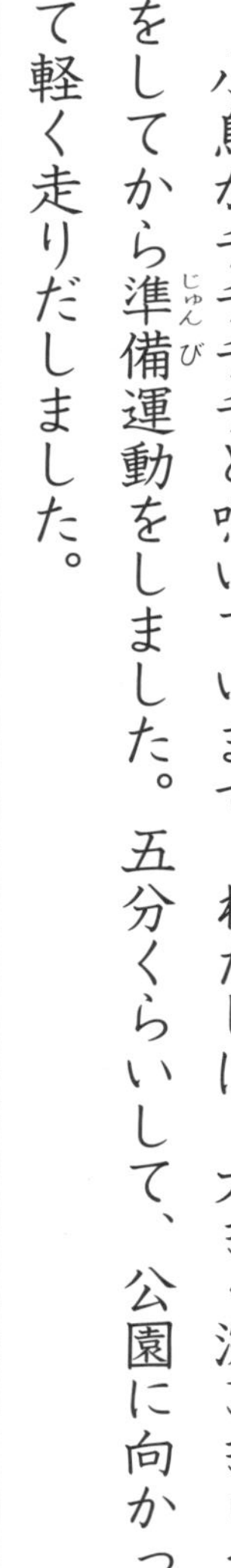

小鳥がチチチと鳴いています。わたしは、大きく深こきゅうをしてから準備(じゅんび)運動をしました。五分くらいして、公園に向かって軽く走りだしました。

(1) 「だれ」が、準備(じゅんび)運動をしましたか。

〔(　　　　　)が、準備(じゅんび)運動をしました。〕

(2) 「だれ」が、走りだしましたか。

〔(　　　　　)が、走りだしました。〕

4 次の文章を読んで、後の（　）に合うことばを書きましょう。（10点）

「ただいま。」

と言って、さやかは家に入った。しかし、家の中は静かで、だれの声もしなかった。

(1) 「ただいま。」と言って、（　　　　）は家に入った。

5 次の文章を読んで、後の（　）に合うことばを書きましょう。（一つ10点）

「どこまで行くの。」

わたるの後ろを歩いていた、妹のまきが言った。

「あっ、あの人にきいてみよう。」

と言って、わたるは向こうへ走っていった。

(1) 「どこまで行くの。」と言ったのは、（　　　　）です。

(2) 向こうへ走っていったのは、（　　　　）です。

6 次の文章を読んで、後の問題に答えましょう。（一つ15点）

ゆきがバス停で待っていると、男の子たちがやってきて、ゆきの後ろにならびました。男の子たちは体をおし合って、ふざけていました。ゆきは、男の子たちが気になって、ふり向きました。

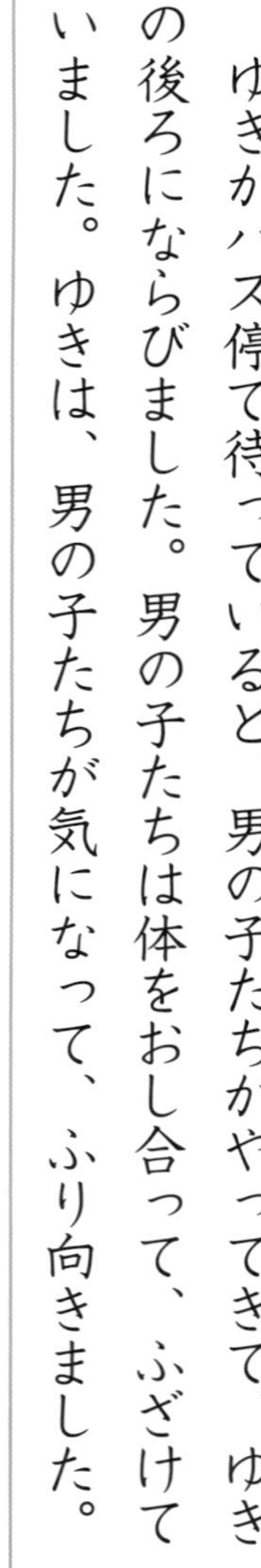

(1) ゆきの後ろにならんだのは、だれですか。
〔後ろにならんだのは、〕（　　　　）です。〕

(2) 男の子たちの方をふり向いたのは、だれですか。
〔ふり向いたのは、〕（　　　　）です。〕

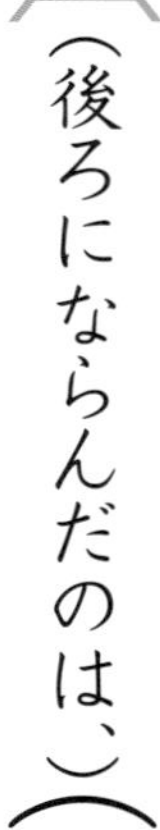
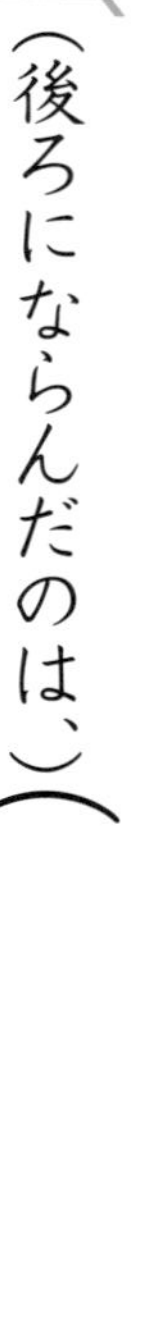

「だれが（は）、どうする。」のかに注目して、「だれ」にあたることばを答えよう！

2 物語の読みとり(1) 場面の設定(せってい)②

月　日　名前　始め　時　分　終わり　時　分　かかった時間　分　とく点　点

1 次の□の文を読んで、後の問題に答えましょう。（10点）

ガサガサと音がすると、しげみから子ねこが出てきました。

(1) 「何」が、出てきましたか。

〔（　　　　）が、出てきました。〕

2 次の文章を読んで、後の問題に答えましょう。（10点）

救急車(きゅうきゅうしゃ)がサイレンを鳴らして走ってきました。すると、近くにいた車は、スピードを落としました。

(1) 「何」が、走ってきましたか。

〔（　　　　）が、走ってきました。〕

3 次の文章を読んで、後の問題に答えましょう。（一つ10点）

カーテンのすき間から、朝日が差しこんでいます。屋根の上で、すずめがチュンチュン鳴いています。まだ六時でしたが、気持ちよく目が覚めました。

(1) 「何」が、差しこんでいますか。

〔（　　　　）が、差しこんでいます。〕

(2) 「何」が、鳴いていますか。

〔（　　　　）が、鳴いています。〕

4 次の文章を読んで、後の（　）に合うことばを書きましょう。（一つ10点）

放課後のチャイムが流れた。委員会で残っていた人たちも帰り始めた。教室にもどってみると、わたしのつくえの上にふうとうが置いてあった。

(1) 放課後の（　　　　）が流れた。

(2) わたしのつくえの上に（　　　　）が置いてあった。

5 次の文章を読んで、後の（　）に合うことばを書きましょう。（一つ10点）

水はすきとおっていて、川底までよく見えた。小川にそって少し歩いてみた。水の流れがゆるやかな所に来ると、小魚が泳いでいるのが見えた。

(1) すきとおっているのは、（　　　　）です。

(2) 泳いでいるのは、（　　　　）です。

6 次の文章を読んで、後の問題に答えましょう。（一つ10点）

コォーという鳥の鳴き声が聞こえた。日が落ちると、森の中は急に暗くなった。そのとき、遠くの方に、小さな明かりがぽつんと見えた。

(1) 聞こえたのは、鳥のなんですか。

〔（聞こえたのは、）鳥の（　　　　）です。〕

(2) 遠くの方に見えたのは、なんですか。

〔（遠くの方に見えたのは、）（　　　　）です。〕

「何が（は）、どうする。」のかに注目するよ。「だれが」や「何が」は、文の主語になることばだね。物語を読むときには、まずこの「だれが」「何が」に注意して読もう！

3 物語の読みとり(1)

場面の設定(せってい)③

月　日　名前

始め　時　分　終わり　時　分　かかった時間　分

とく点　点

1 次の□の文を読んで、後の問題に答えましょう。（10点）

> 昨日(きのう)、帰り道で子ねこを見つけました。

(1) 「いつ」、見つけましたか。

〔（　　　　）、見つけました。〕

2 次の□の文を読んで、後の（　）に合うことばを書きましょう。（10点）

> たつやは、休みの日に、市の体育館に行きました。

(1) たつやが市の体育館に行ったのは、（　　　　）です。

3 次の文章を読んで、後の問題に答えましょう。（10点）

> はるかは、夏休みにおじいちゃんの家に行った。
> そして、おじいちゃんの農園の手伝(てつだ)いをした。

(1) はるかがおじいちゃんの家に行ったのは、いつですか。

〔（　　　　）です。〕

4 次の文章を読んで、後の問題に答えましょう。（10点）

> ちづるは、お母(かあ)さんと駅前の商店街へ行った。
> 買い物の帰りに、駅前の通りでお父(とう)さんに会った。

(1) ちづるがお父(とう)さんに会ったのは、いつですか。

〔（　　　　）です。〕

5 次の□の文を読んで、後の問題に答えましょう。（10点）

夏休みに水族館でイルカのショーを見ました。

(1)「どこ」で、イルカのショーを見ましたか。

〔（　　　　）で見ました。〕

6 次の文章を読んで、（　）に合うことばを書きましょう。（一つ10点）

れんは、グラウンドで遊んでいて、ひざをすりむいた。それで、ひろといっしょに保健室（ほけんしつ）に行った。

(1) れんがひざをすりむいた場所は、（　　　　）です。

(2) ひろといっしょに行った場所は、（　　　　）です。

7 次の文章を読んで、後の問題に答えましょう。（一つ15点）

雨が急に強くなりました。わたしたちは、近くののき先に入り、雨やどりをしました。しばらくして小ぶりになったので、二人（ふたり）でわたしの家まで、全速力で走りました。

(1)「わたしたち」が雨やどりをしたのは、どこですか。

〔近くの（　　　　）です。〕

(2) 二人（ふたり）で、どこまで、全速力で走りましたか。

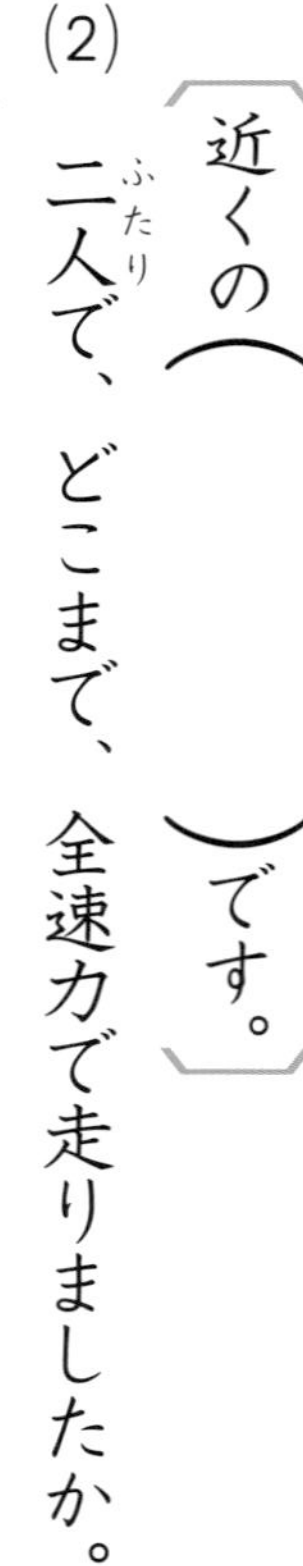

〔（　　　　）まで走りました。〕

1～**4**は「いつ」、**5**～**7**は「どこ」にあたることばを答えるよ。「いつ」は「時や時期」を表すことば、「どこ」は「場所」を表すことばをさがせばいいね。

4 物語の読みとり(1)
場面の設定（せってい）④

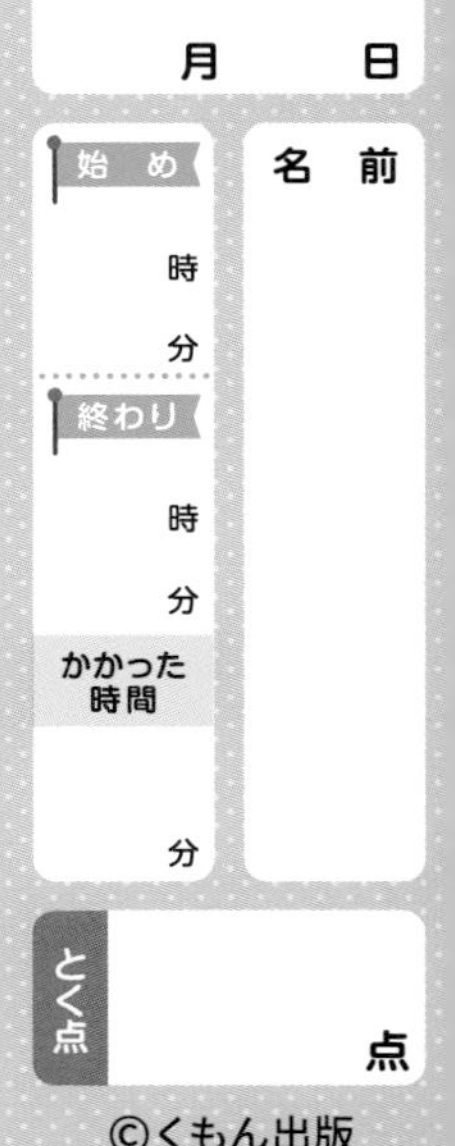

1 次の□の文を読んで、後の問題に答えましょう。（10点）

> 父が、ぼくのたん生日にグローブを買ってくれた。

(1) 父は、「何」を買ってくれましたか。

〔(父は、)（　　　　）を買ってくれた。〕

2 次の文章を読んで、後の（　）に合うことばを書きましょう。（一つ10点）

> ミキは、マミちゃんを連れて公園にやってきた。マミちゃんはぶらんこを見ると、ミキの手をはなして、一目散に走りだした。

(1) ミキは、（　　　　）を連れてやってきた。

(2) マミちゃんは（　　　　）を見ると、走りだした。

3 次の文章を読んで、後の問題に答えましょう。（一つ10点）

> はるとは、祖父（そふ）と河口（かこう）で魚つりをしていました。とつぜん、手にぐぐっと重みがかかりました。はるとは、あまりの強さにさおをはなしそうになりました。

(1) はるとは、祖父（そふ）と何をしていましたか。

〔(はるとは、)（　　　　）をしていました。〕

(2) はるとは、何をはなしそうになりましたか。

〔（　　　　）をはなしそうになりました。〕

4 次の□の文を読んで、後の問題に答えましょう。（10点）

赤いくつをはいた女の子が、道の反対側で手をふっていた。

(1) 「どんな」女の子が、手をふっていましたか。

〔（　　　　）女の子が、手をふっていた。〕

5 次の文章を読んで、後の（　）に合うことばを書きましょう。（一つ10点）

大きい水そうの中には、色とりどりの熱帯魚が泳いでいた。まきは、青い小さな魚が、とても気にいった。

(1) 水そうの中には、（　　　　）熱帯魚が泳いでいた。

(2) まきは、（　　　　）魚が気にいった。

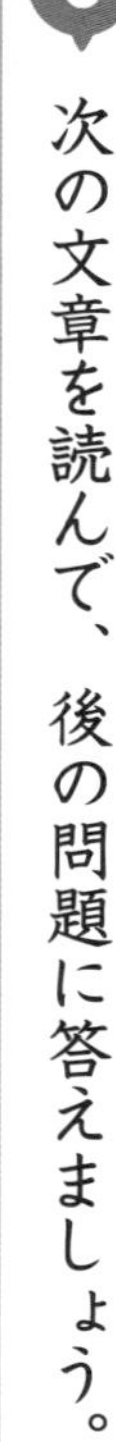

6 次の文章を読んで、後の問題に答えましょう。（一つ10点）

たつや君がハムスターを持ってきた。ちょうど手のひらにおさまるくらいの大きさで、茶色いふわふわの毛が、とてもやわらかそうだった。

(1) ハムスターは、どんな大きさですか。

〔ちょうど（　　　　）大きさ。〕

(2) どんな毛が、やわらかそうだったのですか。

〔（　　　　）毛が、やわらかそうだった。〕

①～③は「何(だれ)」を、④～⑥は「どんな」にあたることばを答えるよ。「どんな」はものの様子をくわしくしていることばだよ。

5 物語の読みとり(1) 場面の設定（せってい）⑤

1 次の□の文を読んで、後の問題に答えましょう。（10点）

> 店の中はきれいにかざられていて、女性客（じょせいきゃく）が多かった。

(1) 店の中は、「どのように」かざられていましたか。

〔（店の中は、）（　　　　　　）かざられていた。〕

2 次の文章を読んで、（　）に合うことばを書きましょう。（一つ10点）

> 　日が落ちると、森の中は急に暗くなった。そのとき、遠くの方に、小さな明かりがぽつんと見えた。

(1) 森の中は（　　　　　　）暗くなった。

(2) 小さな明かりが（　　　　　　）見えた。

3 次の文章を読んで、後の問題に答えましょう。（一つ10点）

> 　台風が過（す）ぎた朝、空は雲一つなく、真（ま）っ青（さお）に晴れていた。えみは庭に出て、そのすさまじい様子にびっくりした。ビニールのふくろや紙くずが、庭のあちこちに散らばっていた。

(1) 空は、どのように晴れていましたか。

〔（空は、）（　　　　　　）、真（ま）っ青（さお）に晴れていた。〕

(2) ビニールのふくろや紙くずが、どのように散らばっていましたか。

〔（ビニールのふくろや紙くずが、）（　　　　　　）散らばっていた。〕

4 次の□の文を読んで、後の問題に答えましょう。（10点）

わたしがドアをしめると、子犬のチェリーは、クンクン鳴きました。

(1) 子犬のチェリーは、「どうしました」か。

〔（チェリーは、）クンクン（　　　　）。〕

5 次の文章を読んで、後の（　）に合うことばを書きましょう。（一つ10点）

れんは、グラウンドで遊んでいて、ひざをすりむいた。それで、ひろといっしょに保健室（ほけんしつ）に行った。先生は、すぐにれんのひざを消毒（しょうどく）した。

(1) れんは、ひざを（　　　　）。

(2) 先生は、れんのひざを（　　　　）。

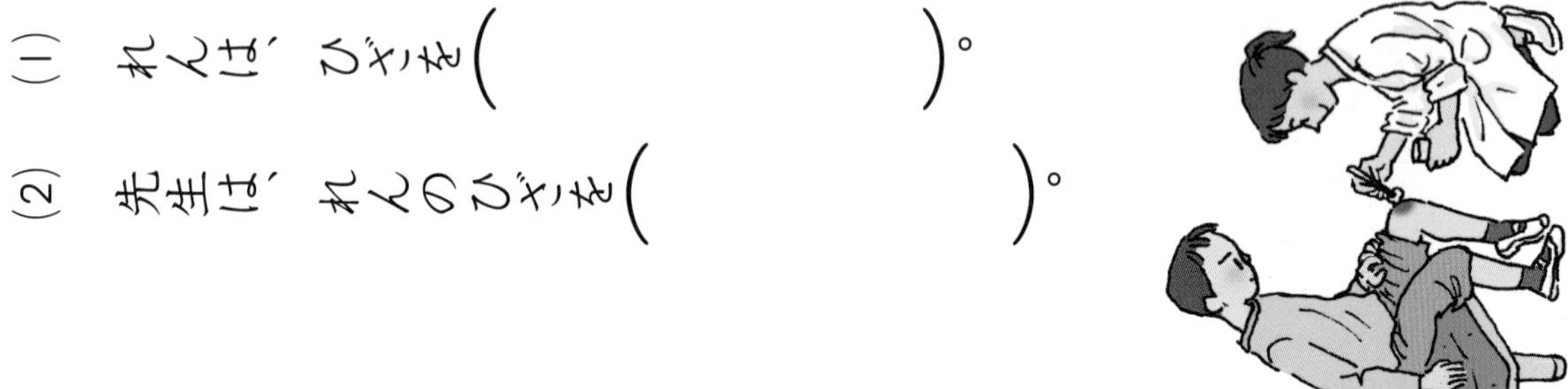

6 次の文章を読んで、後の問題に答えましょう。

父が、ぼくのたん生日に、グローブを買ってくれた。とてもほしかったグローブなので、ぼくは、何度も手にはめてみた。その夜、ねるときも、ぼくは、ベッドのまくら元にそのグローブを置いた。

(1) 「ぼく」は、グローブを買ってもらって、どうしましたか。（一つ10点）

①…〔何度も手に（　　　　）。〕

②…〔ベッドのまくら元に（　　　　）。〕

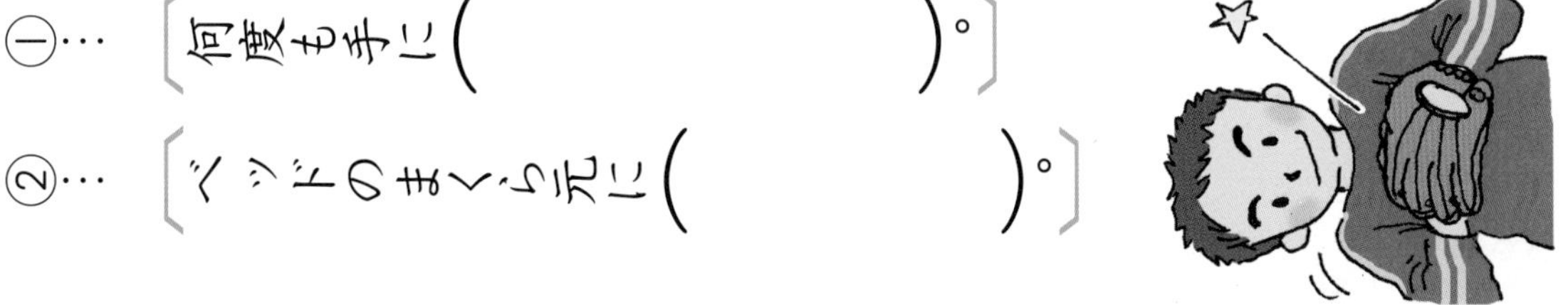

1～**3**は「どのように」、**4**～**6**は「どうした」にあたることばを答えるよ。「どのように」はものの様子を表すことばに、「どうする」は動きや動作を表すことばに注目するよ。

6 物語の読みとり(1)
場面の設定⑥

月　日　名前

始め　時　分　終わり　時　分　かかった時間　分

とく点　点

1 次の文章を読んで、後の問題に答えましょう。

　台風が過ぎた朝、空は雲一つなく、真っ青に晴れていた。えみは庭に出て、そのすさまじい様子にびっくりした。ビニールのふくろや紙くずが、庭のあちこちに散らばっていた。そればかりか、お母さんが大切に育てていた庭木の枝が、何本も折れていた。

(1) 空が晴れていたのは、いつの朝ですか。(10点)

〔(空が晴れていたのは、)(　　　　)です。〕

(2) 庭に出たのは、だれですか。(5点)

〔(庭に出たのは、)(　　　　)です。〕

(3) 庭のあちこちに散らばっていたのは、なんですか。(5点)

〔(散らばっていたのは、)(　　　　)です。〕

(4) 庭木の枝が、どうなっていましたか。(10点)

〔(庭木の枝が、)(　　　　)。〕

(5) (4)の「庭木」とは、どんな庭木ですか。(10点)

〔(　　　　)庭木です。〕

(6) えみが「びっくりした」のは、どうしてですか。(一つ5点)

〔　庭に、ふくろや紙くずが①(　　　　)いて、お母さんが大切に育てていた②(　　　　)が、何本も折れていたから。〕

2 次の文章を読んで、後の問題に答えましょう。

バスが、二丁目の停留所(ていりゅうじょ)を過(す)ぎたころだ。みかの横で、つり皮につかまっていた女の人が、急にしゃがみこんだ。みかが顔をのぞきこむと、苦しそうに息をしていた。

「だいじょうぶですか。」

とみかがきいても、返事がない。とっさに、

「運転手さん、急病人です。」

と、みかは大声を出した。

周りの人たちが、いっせいにみかの方を向いた。バスも、ゆっくりとスピードを落として止まった。

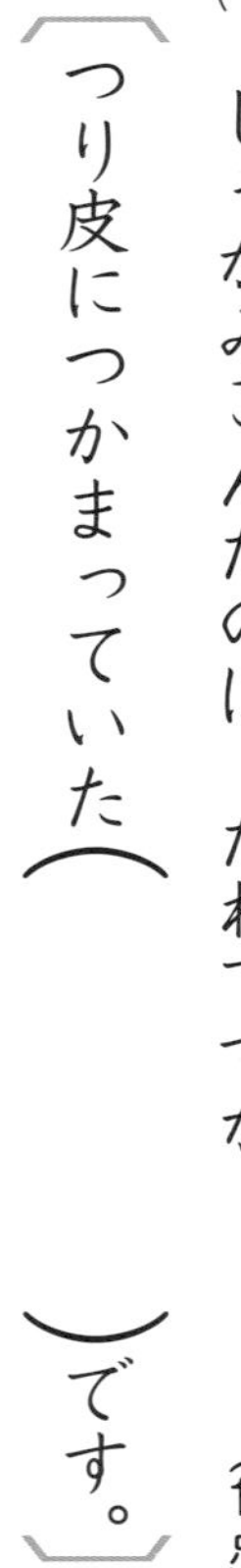

(1) しゃがみこんだのは、だれですか。(10点)

〔つり皮につかまっていた（　　　　）です。〕

(2) (1)の人がしゃがみこんだのは、いつですか。(10点)

〔（バスが、）（　　　　）ころ。〕

(3) 女の人は、どのように息をしていましたか。(10点)

〔（　　　　）息をしていた。〕

(4) みかが大声を出すと、周りの人たちは、どうしましたか。(10点)

〔いっせいに（　　　　）。〕

(5) 「運転手さん、急病人です。」と、みかが大声を出したのは、どうしてですか。(一つ5点)

〔「だいじょうぶですか。」と①（　　　　）がきいても、女の人から②（　　　　）がなかったから。〕

物語を読むときには、まず、「だれが」「いつ」「どこで」「何を」「どうした」かに注目するよ。この内容(ないよう)をおさえることが、後の読みとりをするうえでだいじになってくるよ。

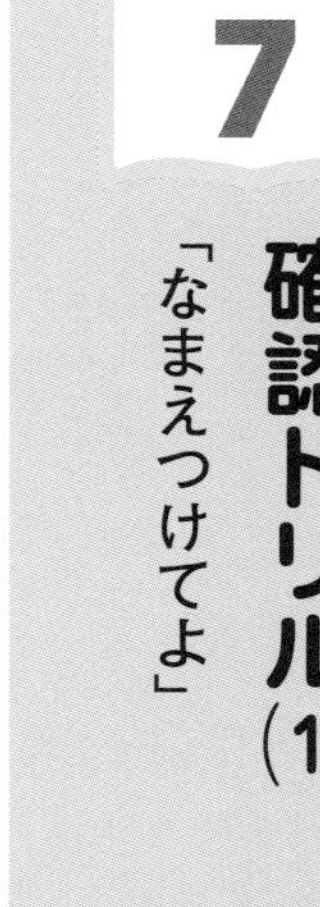

7 確認（かくにん）ドリル(1)

「なまえつけてよ」

1 次の文章を読んで、下の問題に答えましょう。

風がさあっとふきぬけた。子馬はぴくぴくと耳を動かした。

勇太（ゆうた）はきいた。
①「名前、なんてつけるんだ。」
ちょうどそのとき、牧場のおばさんが建物から出てきた。

「あらあら、みんな、来てたのね。」

「子馬の名前――。」

春花（はるか）が言いかけると、おばさんはあわてた。

「ごめんね、そのことなんだけど。あのね、その子馬、よそにもらわれることになったの。急に決まったのよ。だから、名前も、行った先でつけられることになったの。たのんだのに、ごめんなさいね。」

春花（はるか）は、だまったまま、さくからつき出た子馬の鼻にさわってみた。子馬の鼻は、ほんのりと温かく、しめっている。

「がっかりさせちゃったね。せっかく考えてくれた名前、教えてくれる。」
②「いいんです――。それなら、しかたないですね。」

(1) ①〰のことばを言ったのは、だれですか。（10点）

〔　　　　〕

(2) 子馬の名前を考えていたのは、だれですか。（10点）

〔　　　　〕

(3) おばさんが「ごめんなさいね」と言ったのは、なぜですか。（一つ5点）

〔子馬がよそに①（　　　　）ことに決まり、名前は②（　　　　）ことになったから。〕

(4) 春花（はるか）は、どんな様子で②〰と答えましたか。（10点）

〔子馬の鼻にふれたまま、（　　　　）で答えた。〕

(5) 春花（はるか）が(4)のように答えたのは、なぜですか。一つ選んで、◯をつけましょう。（10点）

ア（　）子馬が人にもらわれたから。

イ（　）名前をつけなくてよいから。

ウ（　）がっかりしたと思われたくないから。

春花は、子馬の鼻にふれたまま、明るい声でそう答えた。勇太と陸は、何も言わない。二人とも、こまったような顔をして、春花の方をじっと見ていた。

次の日。昼休みに、春花はろう下で勇太とすれちがった。そのときだった。春花はそっと何かをわたされた。わたすと、勇太は急いで行ってしまった。

受け取ったものを見て、春花は、はっとした。

紙で折った小さな馬。不格好だけれど、たしかに馬だ。

ひっくり返してみると、ペンで何か書いてある。

なまえつけてよ。

らんぼうなぐらいに元気のいい字が、おどっている。

勇太って、こんなところがあるんだ。

（令和2年度版 光村図書 国語五 銀河 24〜26ページより『なまえつけてよ』蜂飼耳）

(6) ②〜〜の春花のことばを聞いて、勇太と陸はどんな様子でしたか。（二つ5点）

〔二人とも何も言わず、①（　　）顔をして、春花の方を②（　　）。〕

(7) 春花と勇太がろう下ですれちがったのは、いつですか。（10点）

〔次の日の（　　）。〕

(8) 春花が勇太から「受け取ったもの」は、何でしたか。（10点）

〔　　〕

(9) 「受け取ったもの」のうらには、どんなことばが書かれていましたか。（10点）

〔　　〕

(10) 「こんなところがある」とありますが、春花が知ったのは、勇太のどんなところですか。一つ選んで、○をつけましょう。（10点）

ア（　）元気のいい字を書くところ。
イ（　）人を思いやるやさしいところ。
ウ（　）相手をがっかりさせるところ。

8 説明文の読みとり(1)
話題と内容(ないよう)①

月　日　名前

始め　時　分　終わり　時　分　かかった時間　分

とく点　点

1 次の文章を読んで、後の問題に答えましょう。（10点）

> フクロウの目が夜になると光るのは、なぜだろう。
> フクロウの目は、目に入ってくる光が少なくてもよく見えるように、中が鏡のようになっていて、光を反しゃさせている。

(1) 何について書かれていますか。（　）に合うことばを後の［　］から選んで書きましょう。

〔フクロウの目が（　　　　）のは、なぜかについて。〕

［夜に光る　・　鏡のような　・　反しゃする］

2 次の文章を読んで、後の問題に答えましょう。

> みなさんの大好きなハンバーガーは、いつ、どうやってできたのでしょうか。
> それは、一九〇四年、アメリカ合衆国(がっしゅうこく)で開かれた世界博らん会会場のレストランで生まれました。

(1) 何について書かれていますか。（　）に合うことばを後の［　］から選んで書きましょう。（一つ15点）

〔ハンバーガーは、①（　　　　）、どうやって②（　　　　）のかについて。〕

［だれが　・　いつ　・　できた　・　開かれた］

3 次の文章を読んで、後の問題に答えましょう。

おしべの花粉(かふん)がめしべにつかないと、実や種ができないかどうかを調べてみた。

まず、花が開いたときに虫などが入らないように、まだ花の開いていないヘチマのめ花※に、ビニールのふくろをかぶせた。

※め花…めしべだけがあって、おしべがない花。

(1) 何について書かれていますか。（一つ15点）

〔おしべの①（　　　）がめしべにつかないと、②（　　　）ができないかどうかについて。〕

4 次の文章を読んで、後の問題に答えましょう。

カタツムリのからは、どんな役目をしているのだろう。

カタツムリの動きは、とてもゆっくりなので、敵(てき)におそわれてもすばやくにげることができない。それで、カタツムリは、からに体を入れて、敵(てき)から身を守っている。

(1) 何について書かれていますか。（一つ15点）

〔カタツムリの①（　　　）が、どんな②（　　　）をしているのかについて。〕

❶〜❹とも、まず、最初の一文に注目してみよう。説明文では、初めに「何についての文章か」が書かれていることが多いよ。

9 説明文の読みとり(1)
話題と内容（ないよう）②

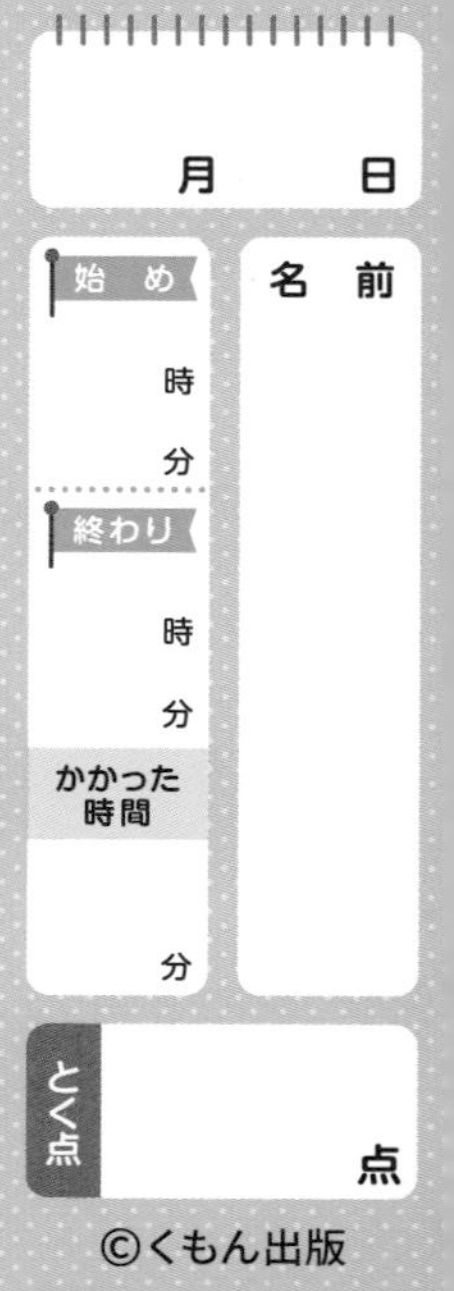

1 次の文章を読んで、後の問題に答えましょう。（10点）

世界中には、いろいろなあいさつの仕方がある。

日本ではおじぎをしてあいさつをするが、インドではむねの前で両手を合わせる。アメリカやヨーロッパでは、あいさつするときにあく手をする。また、ニュージーランドのある地いきでは、あいさつするときに鼻と鼻をつける。

(1) 何について書かれていますか。

〔世界中のいろいろな（　　　　）について。〕

2 次の文章を読んで、後の問題に答えましょう。

チューリップの花は、温度の変化によってとじたり開いたりしながら大きくなる。

例えば、気温十五度のときにとじていた花は、二十度以上になると、花の内側が生長し、開く。また、十五度近くに気温が下がると、花の外側が生長し、とじる。

(1) 何について書かれていますか。（一つ15点）

〔①（　　　　）によって、チューリップの花が、②（　　　　）しながら大きくなることについて。〕

3 次の文章を読んで、後の問題に答えましょう。 (15点)

フクロウの目が夜になると光るのは、なぜだろう。

フクロウの目は、目に入ってくる光が少なくてもよく見えるように、中が鏡のようになっていて、光を反しゃさせている。

そのために、暗い夜でも、フクロウの目は光って見える。

(1) フクロウの目は、どのようになっていて、光を反しゃさせているのですか。

〔(フクロウの目は、)中が(　　　　)なっていて、光を反しゃさせている。〕

4 次の文章を読んで、後の問題に答えましょう。

みなさんの大好きなハンバーガーは、いつ、どうやってできたのでしょうか。

それは、一九〇四年、アメリカ合衆国(がっしゅうこく)で開かれた世界博らん会会場のレストランで生まれました。

あまりのいそがしさに、あるコックさんが、ハンバーグをまるいパンにはさんでお客に出したことから始まります。

(1) ハンバーガーは、いつ、どんな所で生まれましたか。 (一つ15点)

〔(ハンバーガーは、)①(　　　　)年、世界博らん会会場の②(　　　　)で生まれました。〕

(2) なぜ、ハンバーグをパンにはさんでお客に出したのですか。 (15点)

〔あまりの(　　　　)から。〕

4 (2)、「なぜ」「どうして」ときかれたら、「〜から」「〜ので」「〜ため」などのことばで答えるようにしよう。

10 説明文の読みとり(1)
話題と内容(ないよう)③

月　日　名前
始め　時　分　終わり　時　分　かかった時間　分
とく点　点

1 次の文章を読んで、後の問題に答えましょう。

　チューリップの花は、温度の変化によってとじたり開いたりしながら大きくなる。

　例えば、気温十五度のときにとじていた花は、二十度以上になると、花の内側が生長し、開く。また、十五度近くに下がると、花の外側が生長し、とじる。

(1) チューリップの花は、どうなるととじたり開いたりしますか。（一つ10点）

〔気温が①（　　　　）以上になると花が開き、
②（　　　　）近くに下がると花がとじる。〕

2 次の文章を読んで、後の問題に答えましょう。

　カタツムリのからは、どんな役目をしているのだろう。

　カタツムリの動きはとてもゆっくりなので、敵(てき)におそわれてもすばやくにげることができない。それで、カタツムリは、からに体を入れて、敵(てき)から身を守っている。また、雨がふらないときには、からに入ってねばねばした液(えき)を出し、かんそうしないようにしている。

(1) カタツムリは、敵(てき)におそわれたとき、どうしていますか。（一つ10点）

〔からに体を①（　　　　）、敵(てき)から身を②（　　　　）。〕

(2) 雨がふらないとき、カタツムリは、どうしていますか。（一つ10点）

〔からに入って①（　　　　）を出し、
②（　　　　）しないようにしている。〕

3 次の文章を読んで、後の問題に答えましょう。

おしべの花粉(かふん)がめしべにつかないと、実や種ができないかどうかを調べてみた。

まず、花が開いたときに、虫などが入らないように、まだ花の開いていないヘチマのめ花に、ビニールのふくろをかぶせた。

すると、花はさいたが、やがてかれ落ちてしまった。これは、虫などがお花の花粉(かふん)を運んでくることができなかったからで、やはり、おしべの花粉(かふん)がめしべにつかないと、実や種はできないことが分かった。

※お花…おしべだけがあって、めしべがない花。

(1) 「め花に、ビニールのふくろをかぶせた」のは、どうしてですか。(10点)

〔花が開いたときに、(　　　)が入らないようにするため。〕

(2) 「ビニールのふくろをかぶせた」花は、どうなりましたか。(一つ5点)

〔花は①(　　　)が、やがて②(　　　)しまった。〕

(3) 「ビニールのふくろをかぶせた」花に、実や種ができなかったのは、どうしてですか。(一つ5点)

〔①(　　　)の花粉(かふん)が②(　　　)につかなかったから。〕

(4) 「虫などがお花の花粉(かふん)を運んでくることができなかった」のは、どうしてですか。(10点)

〔まだ花の開いていないヘチマのめ花に、(　　　)から。〕

3は、最初の一文に注目！ このことを調べるために、ヘチマのめ花に、お花の花粉(かふん)がつかないようにふくろをかぶせたんだね。

11 説明文の読みとり(1) 話題と内容(ないよう)④

月　日

名前

始め　時　分

終わり　時　分

かかった時間　分

とく点　点

1 次の文章を読んで、後の問題に答えましょう。

　世界中には、いろいろなあいさつの仕方がある。

　日本ではおじぎをしてあいさつをするが、インドではむねの前で両手を合わせる。アメリカやヨーロッパでは、あいさつするときにあく手をする。また、ニュージーランドのある地いきでは、あいさつするときに鼻と鼻をつける。

　どのあいさつも、形はちがっていても、人と人との親しみの気持ちを表し、心と心をつなぐ大切な役わりをしている。

(1) 次の国や地いきでは、あいさつをするとき、どうしますか。(一つ10点)

① 日本
〔(　　　　)をする。〕

② インド
〔むねの前で(　　　　　　)。〕

③ アメリカやヨーロッパ
〔(　　　　)をする。〕

④ ニュージーランドのある地いき
〔(　　　　)をつける。〕

(2) あいさつは、どんな役わりをしていますか。(一つ5点)

〔人と人との①(　　　　　　)を表し、
②(　　　　)をつなぐ大切な役わりをしている。〕

2 次の文章を読んで、後の問題に答えましょう。

　ゆう便物の消印（けしいん）を知っていますか。手紙やはがきの切手のところに、下のようなスタンプがおされます。これが、消印です。

渋谷
2.4.1
12-18

　消印には、引き受けたゆう便局の名前と、受けつけた年月日と時こくが入っています。ですから、これを見れば、いつ、どのゆう便局で取りあつかったのかがわかります。

　また、これをおすことで、切手などが、再度（さいど）使われることを防（ふせ）いでいます。

(1) 何について書かれた文章ですか。（10点）

〔ゆう便物におされる（　　　　）について。〕

(2) 消印は、どんなところにおされますか。（10点）

〔（　　　　）のところ。〕

(3) 消印で、「いつ、どのゆう便局で取りあつかった」かがわかるのは、どうしてですか。（一つ10点）

〔消印には、引き受けた①（　　　　）と、受けつけた②（　　　　）が入っているから。〕

(4) 消印をおすことで、どんなことを防（ふせ）いでいますか。（10点）

〔切手などが、（　　　　）ことを防（ふせ）いでいます。〕

❶ 四種類のあいさつの仕方が書かれているよ。あいさつの役わりは、終わりの一文に注目しよう。 ❷ (3) 消印は、ゆう便局の名前と、年月日、時こくが入っているよ。

12 説明文の読みとり(1)
話題と内容（ないよう）⑤

月　日　名前

始め　時　分　終わり　時　分　かかった時間　分

とく点　点

1 次の文章を読んで、後の問題に答えましょう。

　水の力を使って電気を起こすことを、水力発電といいます。これは、どのような仕組みになっているのでしょう。

　まず、ダムでせき止められた水が、取り入れ口から入り、管を通って、水車を回します。すると、水車に取り付けられた発電機が回ります。このときに、電気が起きるのです。

　こうしてできた電気は、送電線を使って各地に送られ、家庭や会社や工場などにとどけられるのです。

(1) 何について書かれた文章ですか。（10点）

（　　　　　）の仕組みについて。

(2) 水力発電の電気は、どのようにしてできるのですか。（一つ10点）

①（　　　　　）でせき止められた水が、取り入れ口から入り、②（　　　　　）を通って、③（　　　　　）を回し、水車に取り付けられた④（　　　　　）が回って、電気ができる。

(3) できた電気は、どのようにしてとどけられるのですか。（10点）

（できた電気は、）（　　　　　　　　　　）、家庭や会社や工場などにとどけられる。

2 次の文章を読んで、後の問題に答えましょう。

事故や事件が起きたとき、一一〇番に電話します。この電話は、指令センターにつながります。そして、ここで、事故や事件の場所や内容をきかれます。

場所を確認した指令センターでは、すぐに、近くの警察署や交番、付近を走っているパトカーに連らくします。

連らくを受けたパトカーは、ただちに現場へ、サイレンを鳴らしてかけつけ、近くの交番からも警察官がかけつけます。そこで、すばやく、事故や事件の様子を調べ、処理にあたります。

(1) 何について書かれた文章ですか。 (10点)

〔（　　　）が起きたときの、警察の連らくの仕組みについて。〕

(2) 一一〇番の電話は、初めに、どこにつながりますか。 (10点)

〔（　　　）につながります。〕

(3) 指令センターは、どこに連らくしますか。 (一つ5点)

〔事故や事件が起きた現場の近くの①（　　　）、付近を走っている②（　　　）に連らくします。〕

(4) パトカーがサイレンを鳴らしてかけつけるのは、どうしてですか。 (10点)

〔（　　　）に現場に行くため。〕

❶水力発電の電気が、どうやってできるのかがわかったかな。
❷事故や事件は、一刻を争うことが多いよ。それで、連らくを受けたパトカー
警察官は、ただちに現場に向かうんだね。

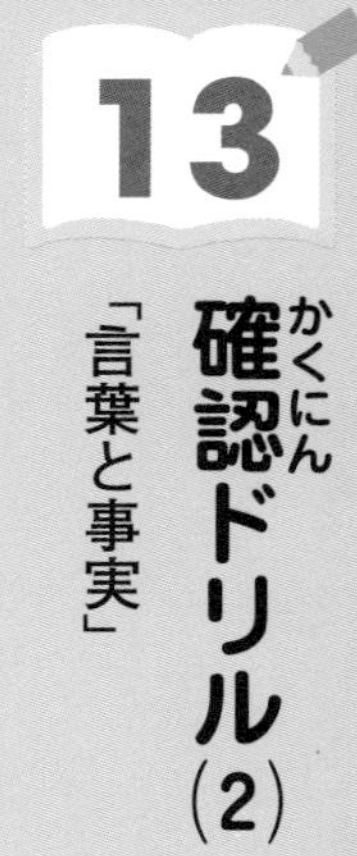

13 確認ドリル(2)

「言葉と事実」

月　日　名前

始め　時　分　終わり　時　分　かかった時間　分　とく点　点

1 次の文章を読んで、下の問題に答えましょう。

　では、言葉は、事実と結びついていれば、どんな言葉を使っても同じように受け取られるでしょうか。どうも、そうではなさそうです。同じ事実と結びついていても、それを伝える人によって、使う言葉がちがってくることがあるからです。

　次のリレーのたいこう戦を例にして考えてみましょう。五年の一組と二組が学級たいこうのリレーをしました。それぞれ五人のリレー選手を出しました。リレーのとちゅうでは、二組のほうが速く、四人が走り終わった時には二組が勝っていました。けれども、最終ランナーのところで、一組が二組をぬいて、勝ったのです。

　このリレーのことを、一組の夏目(なつめ)さんは、「大勝利」という見出しで学級新聞に書こうと思いました。二組は強敵(きょうてき)で、勝つこ

(1) この文章は、何について書かれていますか。（一つ10点）

言葉は、①（　　　　）いれば、どんな言葉を使っても②（　　　　）受け取られるかどうかについて。

(2) 「リレーのたいこう戦」では、どのような結果になりましたか。合うものを二つ選んで、○をつけましょう。（一つ10点）

ア（　）一組が勝った。
イ（　）二組が勝った。
ウ（　）四人めのランナーで逆転(ぎゃくてん)が起こった。
エ（　）五人めのランナーで逆転(ぎゃくてん)が起こった。

(3) 学級新聞に「大勝利」「快勝(かいしょう)」と見出しをつけたのは、それぞれだれですか。（一つ5点）

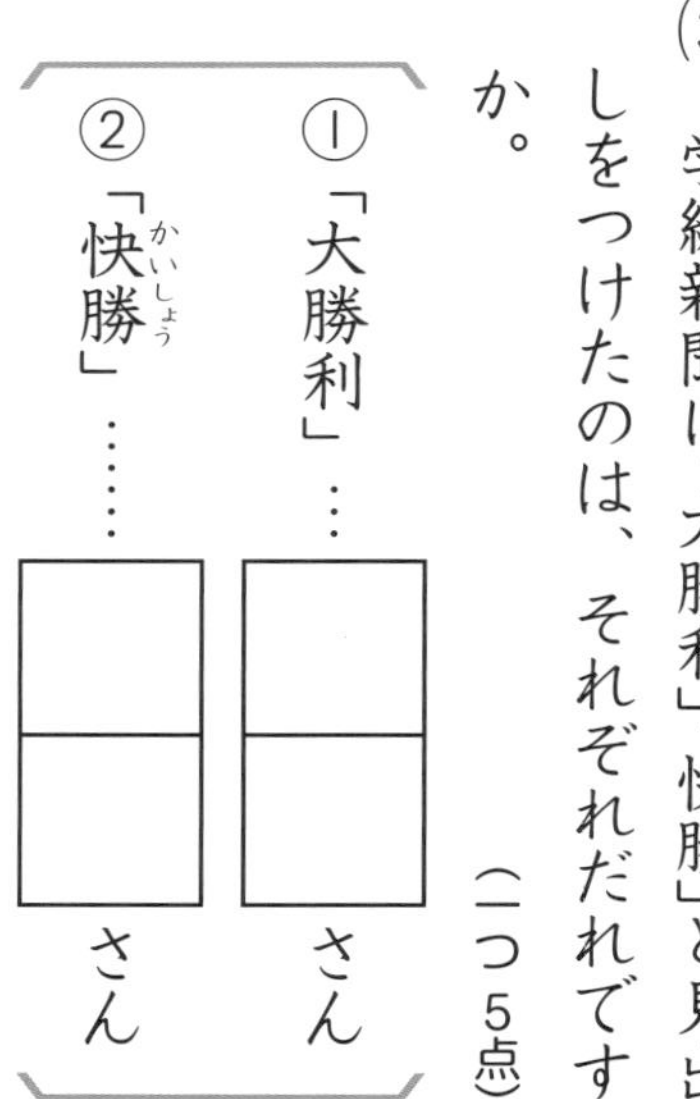

① 「大勝利」…　□□さん
② 「快勝(かいしょう)」……　□□さん

とがむずかしいと思っていたため、最終ランナーでの逆転勝ちは「大勝利」だと思ったからです。同じ一組の春村さんは、最後のランナーが二組のランナーをあざやかにぬいたことが心に残ったので、「快勝」という見出しがぴったりではないかと思いました。

一方、二組の秋田さんは、「おしくも敗れる」と、学級新聞の見出しをつけました。ほとんど勝っていたリレーだったのに、本当におしいところで負けたという感想をもっていたからです。

一組は二組に大勝利をおさめた。

一組は二組に快勝した。

二組は一組におしくも敗れた。

このように、事実は同じでも、表現する人の立場や感じ方によって、言葉がちがっています。

（令和２年度版　教育出版　ひろがる言葉　小学国語五上　47〜48ページより『言葉と事実』福沢周亮）

(4)　「『大勝利』だと思った」のは、なぜですか。（10点）

一組が二組に勝つことは（　　　）と思っていたから。

(5)　「『快勝』という見出しがぴったり」なのは、なぜですか。（10点）

最後のランナーが相手を（　　　）ことが心に残ったから。

(6)　秋田さんが「おしくも敗れる」という見出しをつけたのは、どんな感想をもっていたからですか。（15点）

［　　　］という感想。

(7)　リレーでの見出しの例から、筆者は「言葉」と「事実」についてどのように考えていますか。文章中の言葉を使って書きましょう。（15点）

［　　　］

説明文では、まず「何についての文章か」を読み取ろう。この文章では、言葉と事実について、例をあげて説明しているね。

14 物語の読みとり(2) 場面の様子①

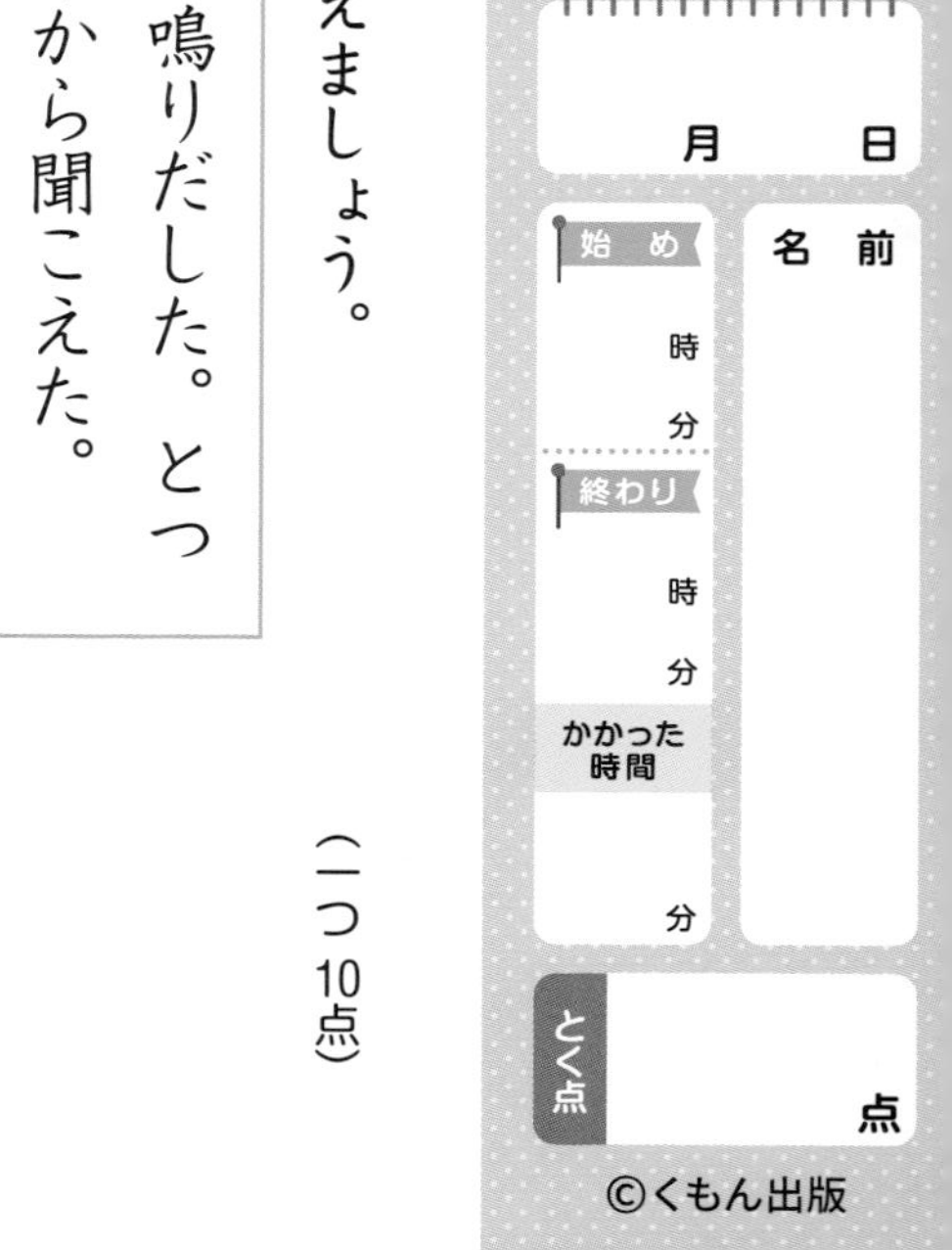

1 次の文章を読んで、後の問題に答えましょう。（一つ10点）

　物置の戸がはげしくガタガタと鳴りだした。とつぜん、ガチャンという音が庭の方から聞こえた。

(1) 物置の戸は、どのように鳴りだしましたか。

〔(物置の戸が、)（　　　　）と鳴りだした。〕

(2) どんな音が、庭の方から聞こえましたか。

〔（　　　　）という音が聞こえた。〕

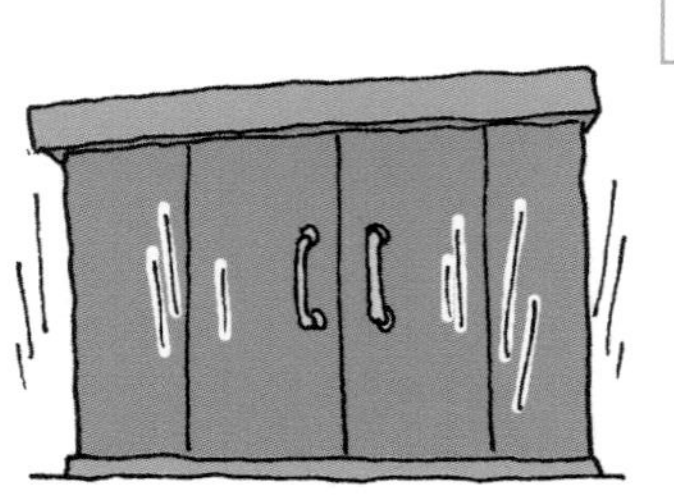

2 次の文章を読んで、後の問題に答えましょう。

　緑の草原にごろりと横になると、青い空が目の前いっぱいに広がった。目をとじてみると、何か体がふわふわとういているようなふしぎな感じがした。遠くで、チチチチという小鳥のさえずりが聞こえた。

(1) どのように横になりましたか。（10点）

〔緑の草原に（　　　　）横になった。〕

(2) 目をとじると、どんな感じがしましたか。（一つ10点）

〔体が①（　　　　）ういているような
②（　　　　）感じがした。〕

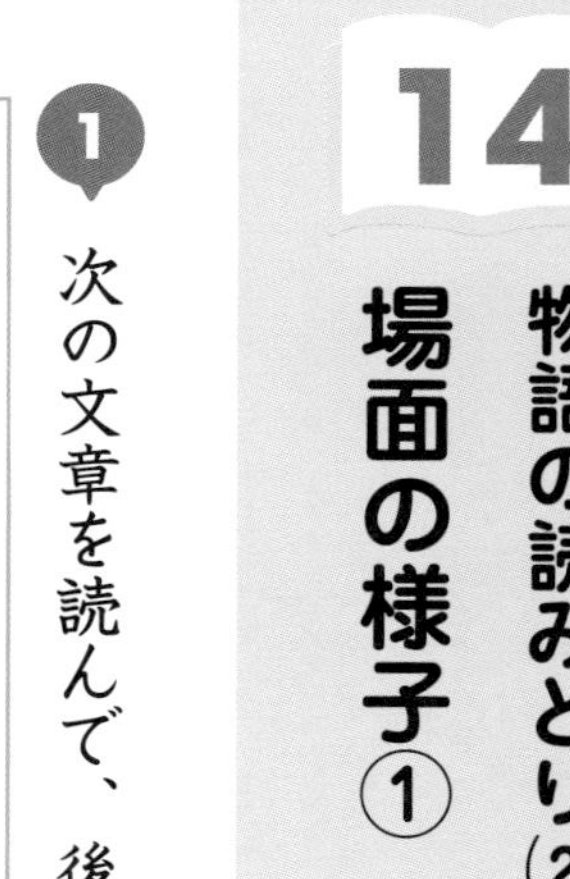

3 次の文章を読んで、後の問題に答えましょう。

うんていを、右手、左手、右手、左手、と順番につかんで前へ進んでいく。はやとは、ドスンと音を立てて、地面に足をついた。

「まだだ。」

まだ、地面に足をつかずにゴールまでわたれたことはない。はやとは、とぼとぼと歩いて、スタートにもどった。

(1) はやとは、どのように地面に足をつきましたか。（10点）

〔（はやとは、）（　　　　）と音を立てて、地面に足をついた。〕

(2) ゴールまでわたれなかったはやとは、どうしましたか。（一つ10点）

〔（はやとは、）①（　　　　）歩いて、スタートに②（　　　　）。〕

4 次の文章を読んで、後の問題に答えましょう。（一つ10点）

「あっ。」

いつきは、思わず声をあげた。水を飲もうとして、あやまって水とうを落としてしまった。水とうは、ごろごろとやぶの中を転がっていった。それを見て、いつきはしゃがみこんでしまった。

(1) 「水とうを落として」しまって、いつきはどうしましたか。

〔思わず（　　　　）。〕

(2) 水とうが転がる様子を見て、いつきはどうしましたか。

〔（いつきは）（　　　　）。〕

❶(1)「ガタガタ」、(2)「ガチャン」という音を表すことば、❷(1)「ころりと」、(2)「ふわふわと」という様子を表すことばに注目しよう！

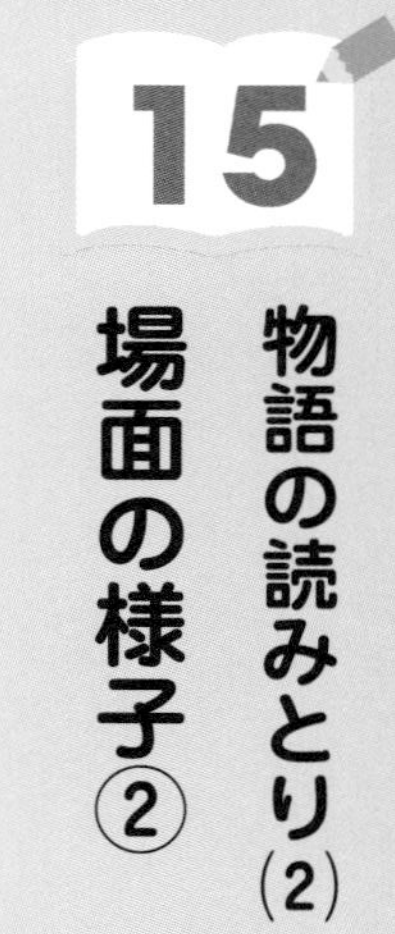

15 物語の読みとり(2)
場面の様子②

1 次の文章を読んで、後の問題に答えましょう。（一つ10点）

　てん望台に上がると、港の景色（けしき）がよく見えた。

　ゆっくりと進む船も、青い紙の上においたおもちゃのようだ。時おり、ボオーという船の汽笛がひびいた。

(1) てん望台から、何がよく見えましたか。

〔（　　　　）がよく見えた。〕

(2) 「ボオー」は、何の音ですか。

〔船の（　　　　）の音。〕

2 次の文章を読んで、後の問題に答えましょう。

　カンカンカン、ガッガッガッ、カンカンカン。

　工事をする音が鳴りひびきます。

　大型（おおがた）の機械を動かす人も、資材（しざい）を運ぶ人も、もくもくと仕事をしています。ゴオーという音とともに、目の前を大きなダンプカーが走っていきます。すると、熱っぽい空気が、もあっとたちこめます。

(1) 工事をする人は、どのように仕事をしていますか。（10点）

〔（　　　　）仕事をしています。〕

(2) ダンプカーが走っていった後の様子は、どうなりますか。（一つ5点）

〔熱っぽい①（　　　　）が、もあっと②（　　　　）。〕

3 次の文章を読んで、後の問題に答えましょう。

あおいは朝早く起きると、林の中を歩いてみた。

すがすがしい空気と冷気が体を包みこんだ。すると、それがじょじょにはだにしみいってくるのがわかった。

白いきりが立ちこめた木々の葉は、ほう石のつぶのような水てきをつけて、きらきらかがやいている。

あおいは、水のつぶを手のひらにのせてみた。まるで水しょう玉のようにとう明で美しかった。

(1) あおいが林の中を歩いてみると、どうなりましたか。 (10点)

〔すがすがしい空気と冷気が（　　　　）。〕

(2) 木々の葉は、どうなっていますか。 (一つ5点)

〔（木々の葉は、）ほう石のつぶのような①（　　　　）をつけて、きらきら②（　　　　）いる。〕

(3) 水のつぶは、どのように美しかったですか。 (一つ10点)

〔（水のつぶは、）まるで①（　　　　）のように②（　　　　）で美しかった。〕

(4) 林の中は、どんな様子ですか。（　）に合うことばを、後の［　］から選んで書きましょう。 (一つ10点)

〔①（　　　　）で②（　　　　）様子。〕

［静か ・ にぎやか ・ きたない ・ 美しい］

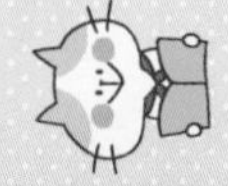

2 では、けたたましい工事の音がひびいている様子、**3** では、すがすがしい朝の林の中の静かな様子がえがかれているね。

16 物語の読みとり(2) 場面の様子③

1 次の文章を読んで、後の問題に答えましょう。

物置の戸が、はげしくガタガタ鳴りだした。とつぜん、ガチャンという音が庭の方から聞こえた。

「はち植えの木がこわれたのかもしれない。」

庭に出てみると、雨もぽつぽつふりだしてきた。

「台風が近づいてきたんだ。」

わたしは、残りの植木ばちを家の中に入れた。全部しまい終わるころには、空は真っ暗になり、雨も地面をはげしくたたきつけていた。庭のいちじくの木は、風にわさわさとゆれていた。

(1) 「ガタガタ」や「わさわさ」は、なんの様子ですか。（一つ5点）

① ガタガタ…〔（　　　）がはげしく鳴っている様子。〕

② わさわさ…〔（　　　）が風にゆれている様子。〕

(2) どんな様子から、「わたし」は〜〜のように思ったのですか。（一つ10点）

〔①（　　　）から②（　　　）という音が聞こえた様子から。〕

(3) 雨の様子は、どのように変わりましたか。（一つ10点）

① 庭に出たとき

〔（　　　）ふりだした。〕

② 植木ばちをしまい終わるころ

〔地面を（　　　）たたきつけていた。〕

2 次の文章を読んで、後の問題に答えましょう。

> 風にふかれて、草原が波打つようにゆれていた。
> さとるとけんじは、どこまでも続く緑の海を、自由にかけ回った。二人は、青草のにおいが香る中を、風をきって走った。
> 「おれたち、緑の魚だな。きっと、だれにも見つからないよ。」
> そう言って、さとるは草の中にもぐった。
> 「いや、緑のグライダーだよ。ほらっ。」
> と言うと、けんじは両手を広げて、また走りだした。さとるも同じかっこうをして、けんじを追いかけた。
> 二人は、本当に大空を飛んでいるような気がした。

(1) 風にふかれて、草原は、どうなっていましたか。（10点）

〔（草原は、）（　　　　）ゆれていた。〕

(2) 「自由にかけ回」る二人は、草原をどのように走ったのですか。（一つ10点）

〔①（　　　　）が香る中を、②（　　　　）走った。〕

(3) 「だれにも見つからない」とありますが、二人が、草原と見分けがつきにくい様子を何にたとえていますか。二人が言ったことばからさがして、二つ書きましょう。（一つ5点）

〔緑の（　　　　）と緑の（　　　　）。〕

(4) 草原を走る二人は、どんな様子ですか。（　）に合うことばを、後の［　］から選んで書きましょう。（一つ5点）

〔草原を走るのが①（　　　　）て②（　　　　）様子。〕

［とても苦しく・気持ちよく・楽しい・さびしい］

❷ ❶ 風や雨が強くなってきて、だんだん台風が近づいてきたことがわかるね。
❷ (3) 草原の緑にとけこんでしまっていることを「緑の――」と表しているんだね。

17 物語の読みとり(2)
場面と様子を表す表現(ひょうげん)①

月　日
名前
始め　時　分
終わり　時　分
かかった時間　分
とく点　点

1 次の文章を読んで、後の問題に答えましょう。

　うんていを、右手、左手、右手、左手、と順番につかんで前へ進んでいく。はやとは、［①］と音を立てて、地面に足をついた。

「まただ。」

　まだ、地面に足をつかずにゴールまでわたれたことはない。はやとは、［②］と歩いて、スタートにもどった。

「次こそは、ゴールまでわたりきるぞ。」

　はやとは、うんていをつかみ、一生けん命に前へ進んだ。

　そして、ついにゴールまでわたりきることができた。手をはなして着地したはやとは、~~えがおになって、ぴょんととびはねた~~。

(1) 文章中の［①］・［②］に合うことばを、後の［　］から選んで、（　）に書きましょう。（一つ10点）

① はやとは、（　　　　）と音を立てて、地面に足をついた。
② はやとは、（　　　　）と歩いて、スタートにもどった。

［ドスン・パリン・るんるん・とぼとぼ］

(2) はやとのどんな様子から、必死にゴールまでわたりきろうとしていることがわかりますか。（15点）

うんていをつかみ、（　　　　）に前へ進んだ様子から。

(3) 〜〜から、はやとのどんな様子がわかりますか。後の［　］から選んで書きましょう。（15点）

はやとが（　　　　）様子。

［喜(よろこ)んでいる・悲しんでいる・くやしがっている］

2 次の文章を読んで、後の問題に答えましょう。

「あっ。」

いつきは、思わず声をあげた。水を飲もうとして、あやまって水とうを落としてしまった。水とうは、ごろごろとやぶの中を転がっていった。それを見て、いつきはしゃがみこんでしまった。

「ああ、どうしよう。」

いつきの力のない声が聞こえたとき、やぶのおくの方からガサガサ枝葉（えだは）がゆれだした。まさとは息を飲んだ。すると、

「こらっ。だれだ、こんな物落とすやつは。」

と、水とうを手にして、山小屋のおじさんが、ひょっこり顔を出した。いつきとまさとは、顔を見合わせるとにっこりして、むねをなでおろした。

(1) 〰から、いつきのどんな様子がわかりますか。後の［　］から選んで書きましょう。（10点）

〔水とうをなくして（　　　　）した様子。〕

［しっくり・ゆっくり・がっくり］

(2) いつきとまさとが、ほっと安心した様子が、どんな表現（ひょうげん）からわかりますか。（10点）

〔顔を見合わせるとにっこりして、（　　　　）。〕

(3) この文章は、どんな場面ですか。後の［　］から選んで書きましょう。（一つ15点）

〔いつきが水とうを落として①（　　　　）しているとき、
山小屋のおじさんがそれを持って現（あらわ）れて、②（　　　　）した場面。〕

［さっぱり・かっと・ほっと・がっかり］

2 では、山小屋のおじさんが現（あらわ）れる前（息を飲んだ）と後（にっこりして、むねをなでおろした）の様子の変化をとらえるようにしよう。

18 物語の読みとり(2) 場面と様子を表す表現(ひょうげん)②

1 次の文章を読んで、後の問題に答えましょう。

風にふかれて、草原が波打つようにゆれていた。

さとるとけんじは、どこまでも続く緑の海を、自由にかけ回った。二人(ふたり)は、青草のにおいが香る中を、風をきって走った。

「おれたち、緑の魚だな。きっと、だれにも見つからないよ。」

そう言って、さとるは草の中にもぐった。

「いや、緑のグライダーだよ。ほらっ。」

と言うと、けんじは両手を広げて、また走りだした。さとるも同じかっこうをして、けんじを追いかけた。

二人(ふたり)は、本当に大空を飛んでいるような気がした。

(1) 「緑の海」とは、何の様子を表現(ひょうげん)したものですか。（一つ10点）

〔 ①（　　　　）が風にふかれて、②（　　　　）ゆれている様子。 〕

(2) さとるとけんじは、それぞれ自分たちを何にたとえて、どうしましたか。（一つ5点）

〔 さとるは、緑の魚にたとえて、草の中に①（　　　　）。
けんじは、②（　　　　）にたとえて、
③（　　　　）、走りだした。 〕

(3) この文章は、どんな場面ですか。（一つ10点）

〔 さとるとけんじが、①（　　　　）を飛んでいるような
気持ちで、②（　　　　）を走り回っている場面。 〕

2 次の文章を読んで、後の問題に答えましょう。

　真夏の太陽が照りつけて、海は、金貨をちりばめたようにかがやいていた。

　もう何年もそうしているかのように、少年は、つり糸がしずんでいる海を、じっと見つめていた。

「今日も、だめかな……。」

と、少年がつぶやいたとき、急につり糸がぴんと張った。つりざおは糸に引っ張られ、その先たんは、海の底に向かってしずんでいった。一しゅん、びっくりしてあわてた少年も、少しずつ落ち着きをとりもどし、ボートの中で体勢を整え始めた。久しぶりの大物の魚に、むねをわくわくさせながら、しん重につりざおをにぎり直した。

(1) 海がかがやいていた様子を、どのように表現していますか。（一つ5点）

〔海は、①（　　　）を②（　　　）ように
かがやいていた。〕

(2) 〰から、どんな様子がわかりますか。後の［　］から選んで書きましょう。（5点）

〔（　　　）、同じような状態でいる様子。〕

［わずかの間・少しの間・長い間］

(3) 「大物の魚」であることは、どんな様子からわかりますか。（10点）

〔（つりざおの）先たんが、（　　　）しずんだ様子から。〕

(4) この文章は、どんな場面ですか。（一つ10点）

〔しばらく魚がつれなかった①（　　　）のつりざおに、
久しぶりに②（　　　）がかかった場面。〕

2「今日も、だめかな……。」と少年があきらめかけたときに、大物の魚がかかったんだね。

19 確認(かくにん)ドリル(3)

「世界でいちばんやかましい音」

月　日　名前

始め　時　分　終わり　時　分　かかった時間　分　とく点　点

1 次の文章を読んで、下の問題に答えましょう。

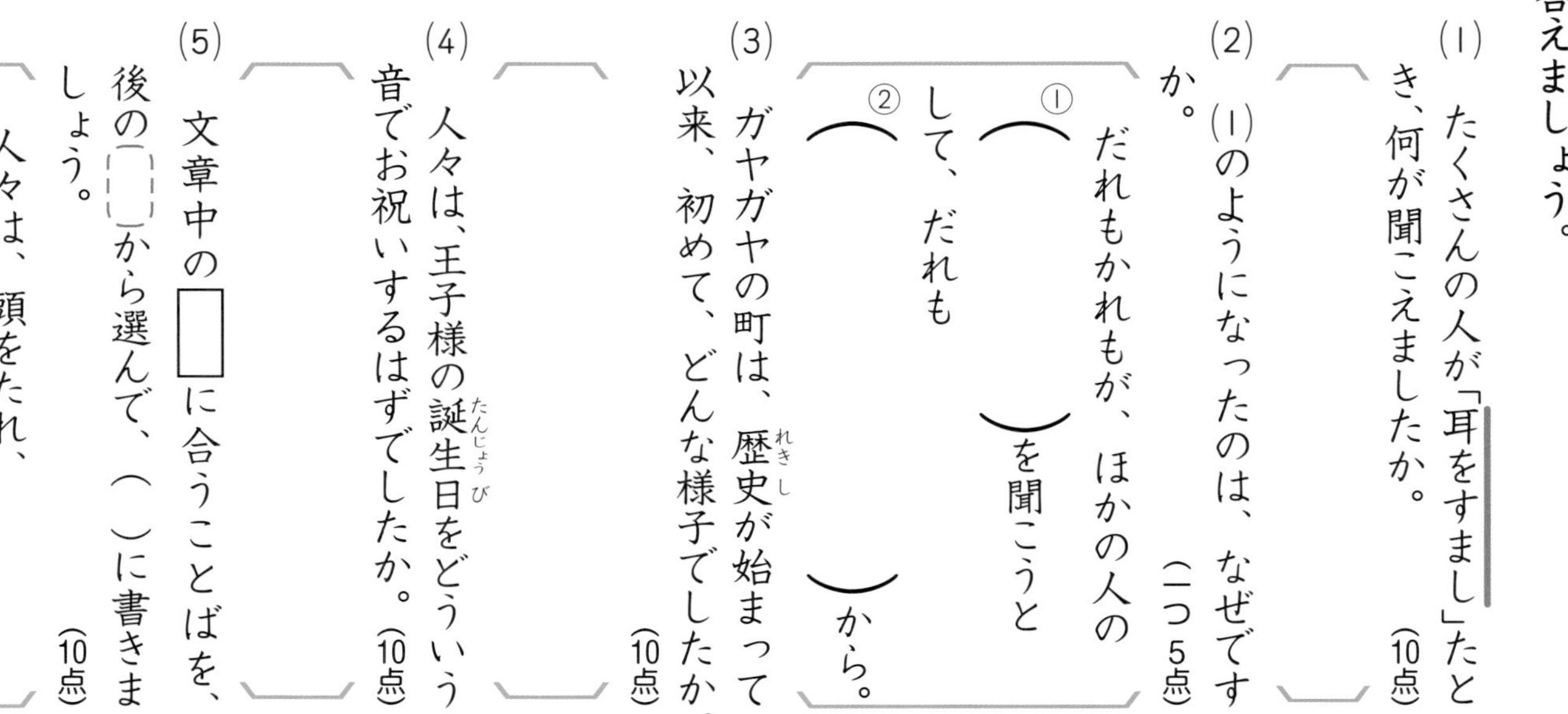

何百万、何千万、何億という人が、世界でいちばんやかましい音を聞くために耳をすましました。そして、その何億という人の耳に聞こえたのは、全くのちんもくでした。だれもかれもが、ほかの人の声を聞こうとして、声を出さなかったからです。だれもかれもが、仕事は人にまかせて、自分はその結果だけを楽しもうとしたからです。

さて、かんじんのガヤガヤの町では、どうだったでしょう？

この町の歴史(れきし)が始まって以来、初めて、ガヤガヤの町は、しいんと静まり返りました。世界でいちばんやかましい音で、王子様の誕生日(たんじょうび)をお祝いするはずだったのに……。

人々は、王子様に悪いことをしたと思いました。申しわけなさとはずかしさで、人々は、頭をたれ、□と家に帰りかけました。

(1) たくさんの人が「耳をすまし」たとき、何が聞こえましたか。（10点）

〔　　〕

(2) (1)のようになったのは、なぜですか。（一つ5点）

〔だれもかれもが、ほかの人の①（　　）を聞こうとして、だれも②（　　）から。〕

(3) ガヤガヤの町は、歴史(れきし)が始まって以来、初めて、どんな様子でしたか。（10点）

〔　　〕

(4) 人々は、王子様の誕生日(たんじょうび)をどういう音でお祝いするはずでしたか。（10点）

〔　　〕

(5) 文章中の□に合うことばを、後の[　]から選んで、（　）に書きましょう。（10点）

〔人々は、頭をたれ、（　　）と家に帰りかけました。〕

うきうき・いらいら・こそこそ

ところが、急に、足を止めました。あれは、何でしょう？　宮殿（きゅうでん）のバルコニーから聞こえてくる、あの音は？

まさかと思いましたが、まちがいありません。王子様です。王子様がうれしそうに手をたたいているのです！　王子様は、しきりにはしゃいで、とんだりはねたりしながら、庭の方を指差していました。

生まれて初めて、王子様は、小鳥の歌を聞いたのです。木の葉が風にそよぐ音を、小川を流れる水の音を聞いたのです。生まれて初めて、王子様は、人間の立てるやかましい音ではなく、自然の音を聞いたのです。生まれて初めて、王子様は、静けさと落ち着きを知ったのです。そして、王子様は、それがすっかり気に入りました。

（令和２年度版　東京書籍　新しい国語五　67〜70ページより『世界でいちばんやかましい音』ベンジャミン・エルキン　文、松岡（まつおか）享子（きょうこ）　訳）

(6)　バルコニーでの王子様は、どんな様子でしたか。（一つ５点）

うれしそうに①（　　）をたたき、しきりに②（　　）、とんだりはねたりしていた。

(7)　王子様が聞いた「自然の音」は何ですか。三つ書きましょう。（一つ５点）

（　　）

（　　）

（　　）

(8)　この文章は、どんな場面ですか。□の言葉は、文章中からぬき出して書きましょう。（一つ５点）

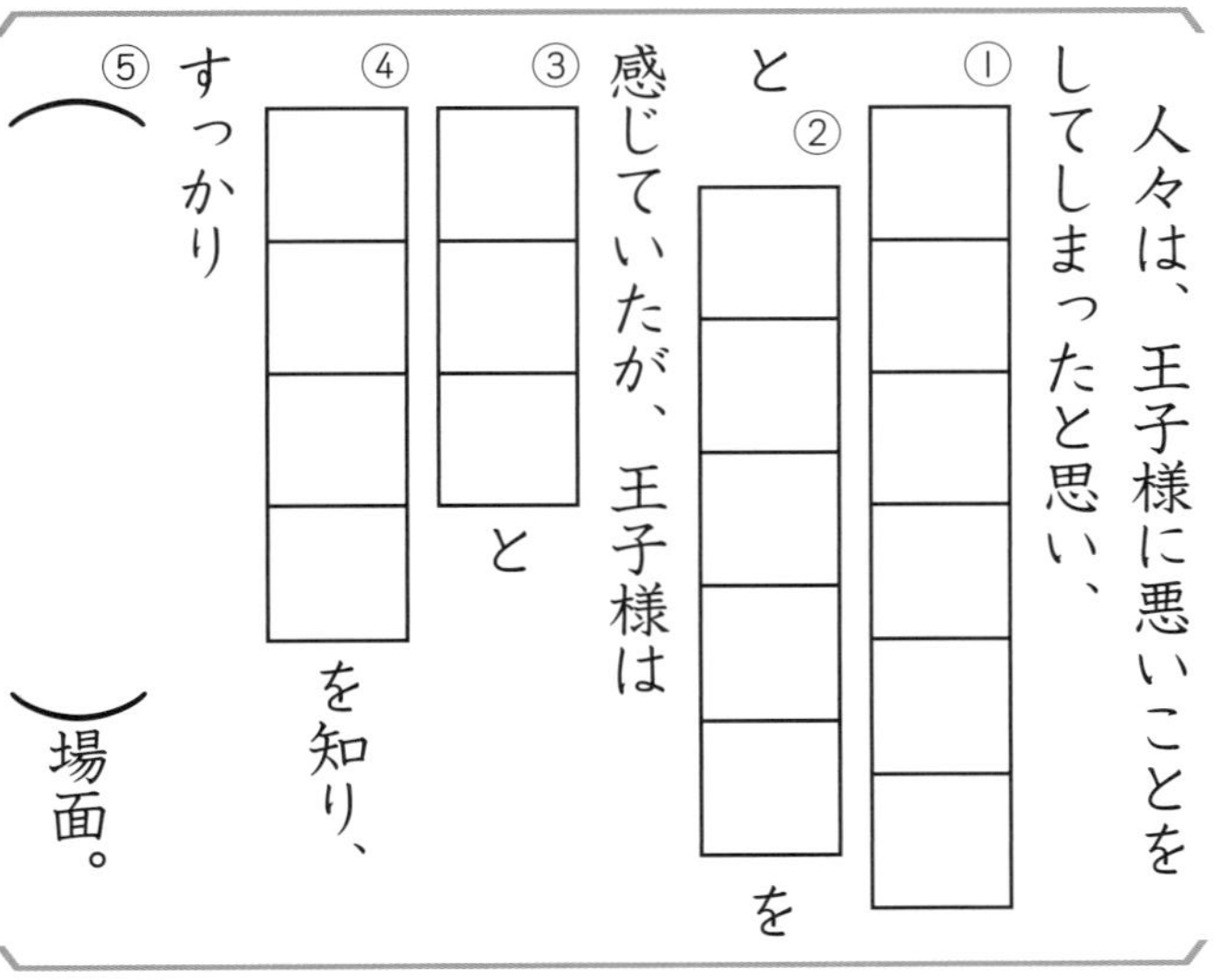

人々は、王子様に悪いことをしてしまったと思い、①□□□□□□と②□□□□□を感じていたが、王子様は③□□□と④□□□□を知り、すっかり⑤（　　）場面。

ガヤガヤの町の人々や王子様の様子に注目しよう。様子のちがいをとらえることで、物語の場面が理解（りかい）しやすくなるよ。

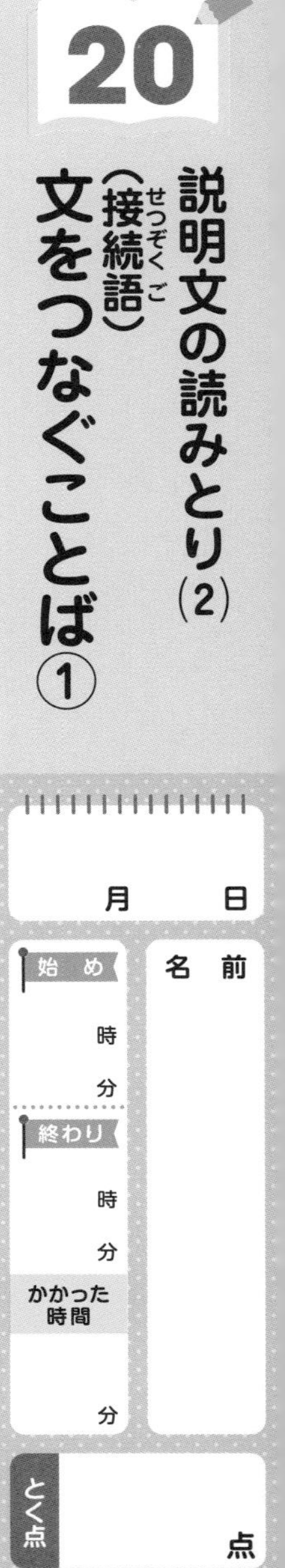

20 説明文の読みとり(2)
（接続語）文をつなぐことば①

月　日　名前
始め　時　分　終わり　時　分　かかった時間　分
とく点　点

1 □のことばに注意して、（　）に合うことばを、後の［　］から選んで書きましょう。（一つ10点）

(1) 今日は、雨がふった。［だから］、洋服が（　　　）。

［かわいた・ぬれた］

(2) まんぷくになった。［それで］、デザートが（　　　）。

［食べられた・食べられない］

2 □に合うことばを、後の［　］から選んで書きましょう。（一つ10点）

(1) 何日も雨がふらない。□、川の水が減った。

［でも・だから］

「だから、それで・そこで・すると」などは、前の文の内容を受けて、後にその結果が続くときに使うよ。

(2) 大きなかばんにした。□、二人分の荷物が入った。

［しかし・それで・ただし］

(3) 問題が解けない。□、友達に電話してきいた。

［では・なぜなら・そこで］

3 □のことばに注意して、（　）に合うことばを、後の［　］から選んで書きましょう。 （一つ10点）

(1) 今日は、雨がふった。［でも］、ほとんど（　　　　）。

ぬれた ・ ぬれなかった

(2) まんぷくになった。［しかし］、デザートが（　　　　）。

食べられた ・ 食べられない

4 □に合うことばを、後の［　］から選んで書きましょう。 （一つ10点）

(1) 雨がふった。［　　　］、試合は中止にならなかった。

でも ・ だから

(2) かぜをひいた。［　　　］、熱は出なかった。

そして ・ しかし ・ だから

(3) 本を買いに行った。［　　　］、店は休みだった。

では ・ それとも ・ ところが

文をつなぐことばを使うと、前と後の文の関係がはっきりするよ。

21 説明文の読みとり(2) 文をつなぐことば②（接続語）

月　日　名前

始め　時　分　終わり　時　分　かかった時間　分

とく点　点

1 □のことばに注意して、（　）に合うことばを、後の［　］から選んで書きましょう。（一つ10点）

(1) 電車に乗った。［また］、バスにも（　　　　）。

乗った ・ 乗らなかった

(2) 伝記を読んだ。［そして］、感想文を（　　　　）。

書いた ・ 聞かなかった

2 □に合うことばを、後の［　］から選んで書きましょう。（一つ10点）

(1) おにぎりを食べた。□、ハンバーガーも食べた。

また ・ では

「また・そして・しかも・さらに」などは、前の文の内容（ないよう）につけたしたり、前と後の内容（ないよう）をならべたりするときに使うよ。

(2) 学校から帰ってきた。□、じゅくへ行った。

しかし ・ そして ・ けれど

(3) 風が強くなってきた。□、雨もふりだした。

けれども ・ それとも ・ しかも

3 □のことばに注意して、（　）に合うことばを、後の[　]から選んで書きましょう。（一つ10点）

(1) 海に行って泳ごうか。それとも、つりを（　　　）。

しようか・やめようか

(2) 返事は、手紙にしますか。あるいは、電話に（　　　）。

しますか・のせますか

「それとも・あるいは・または」などは、前と後の内容を比べて、どちらかを選ぶときなどに使うよ。

4 □に合うことばを、後の[　]から選んで書きましょう。（一つ10点）

(1) 朝は、ご飯を食べますか。□、パンを食べますか。

けれども・それとも

(2) 運動場でサッカーをしますか。□、プールで泳ぎますか。

あるいは・ところが・だから

(3) 本屋で買って読みますか。□、図書館で借りてきて読みますか。

それとも・すると・つまり

2・4では、□にそれぞれのことばを入れて読んでみよう。前と後の文がうまく続くかどうかを考えればいいね。

22 説明文の読みとり(2)
(接続語)文をつなぐことば③

1 □のことばに注意して、(　)に合うことばを、後の[　]から選んで書きましょう。（一つ10点）

(1) 授業が終わった。さて、明日の準備を(　　　　)。

[しよう・やめよう]

(2) 文章を全部読んだ。では、もう一度初めから(　　　　)。

[読もう・やめよう]

「さて・では・ところで」などは、話題を変えるときに使うよ。

2 □に合うことばを、後の[　]から選んで書きましょう。（一つ10点）

(1) 報告は以上です。□、次は、委員長の話です。

[でも・では・つまり]

(2) 学級会の時間です。□、何の議題から始めましょうか。

[さて・また]

(3) 中山さんから電話があったよ。□、ぼくのたのんだ本は買ってきたのかな。

[ところが・ところで・それとも]

3 □のことばに注意して、（　）に合うことばを、後の［　］から選んで書きましょう。（一つ10点）

(1) 今日は一学期の終業式だ。［つまり］、明日から（　　　）。

春休みだ・夏休みだ

(2) かさを持っていった方がよい。［なぜなら］、雨が（　　　）。

やみそうだから・ふりそうだから

「つまり・すなわち」は、前の内容をまとめたり、言いかえたりするときに使うよ。
「なぜなら・ただし」は、前の内容に続けて説明をおぎなうときに使うよ。

4 □に合うことばを、後の［　］から選んで書きましょう。（一つ10点）

(1) 高橋君は委員長です。□、学級の代表者です。

つまり・そこで

(2) 毎朝、ランニングをしています。□、もうすぐマラソン大会があるからです。

ところが・それから・なぜなら

(3) 四年生のチームにも負けてしまった。□、わたしたちのチームが弱いということだ。

つまり・しかし・それで

「つまり」や、「このように」は、説明文の終わりの方で、文章をまとめて述べるときに使われるよ。覚えておこう！

23 説明文の読みとり(2)（接続語）文をつなぐことば④

1 次の文章を読んで、後の問題に答えましょう。（15点）

カタツムリの動きはとてもゆっくりなので、敵(てき)におそわれてもすばやくにげることができない。それで、カタツムリは、からに体を入れて、敵(てき)から身を守っている。

(1) 「それで」に注意して、次の（　）に合うことばを、後の［　］から選んで書きましょう。

〔カタツムリは、すばやくにげることができない。それで、カタツムリは、（　　　　　　）、敵(てき)から身を守っている。〕

［からをすてて　・　からに体を入れて］

2 次の文章中の□に合うことばを、後の［　］から選んで書きましょう。（20点）

底の丸い容器(ようき)に水を入れてこおらせ、氷でとつレンズを作ろうとした。□、空気のつぶがたくさんできて、よく見えなかった。

次に、水を一度ふっとうさせてからこおらせた。すると、とう明ではっきりとしたレンズができた。

［さて　・　だから　・　ところが］

3 次の文章中の□に合うことばを、後の［　］から選んで書きましょう。（20点）

消印（けしいん）には、引き受けたゆうびん局の名前と、受けつけた年月日と時こくが入っています。□、これを見れば、いつ、どのゆうびん局で取りあつかったのかがわかります。

また、これをおすことで、切手などが、再度（さいど）使われることも防（ふせ）いでいます。

でも　・　ですから　・　それとも

4 次の文章中の□に合うことばを、後の［　］から選んで書きましょう。（一つ15点）

風船をふくらませて、そのまま手をはなしてみる。①□、風船は、空気をふき出しながら、勢（いきお）いよく飛んでいく。これは、風船が空気をふき出すとき、その力で反対の向きにはじきとばされるからだ。

②□、ロケットの飛ぶ仕組みを考えると、これと同じことがいえる。③□、ロケットは、燃料（ねんりょう）を後ろからふき出し、その反動で飛んでいるといえるのである。

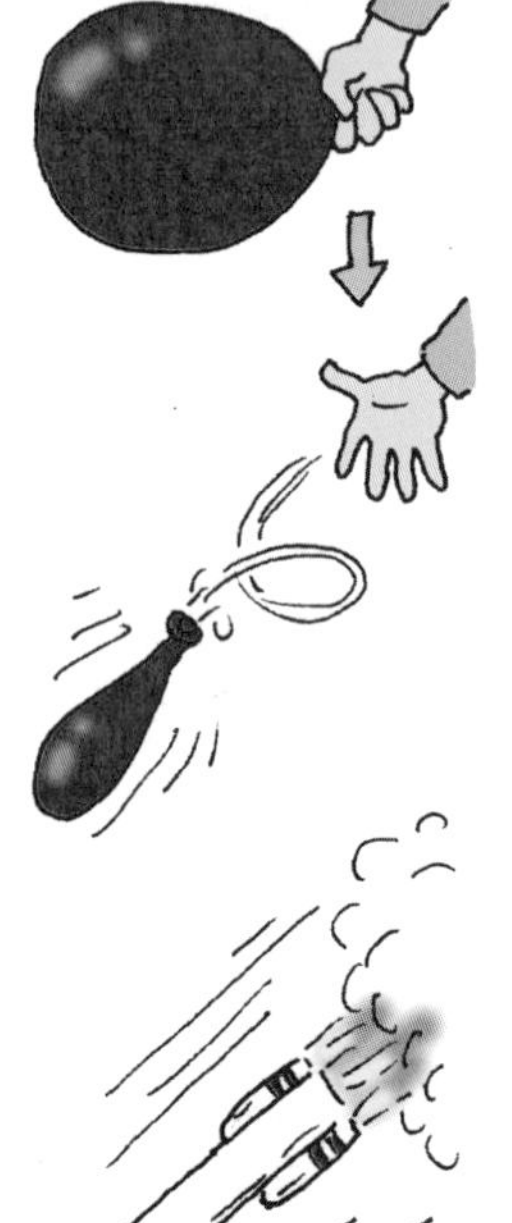

しかし　・　つまり　・　すると　・　ところで

4 ②の□の前では「風船」について、②の□の後では「ロケット」について書かれているね。つまり、話題を変えるときに使うことばがあてはまるね。

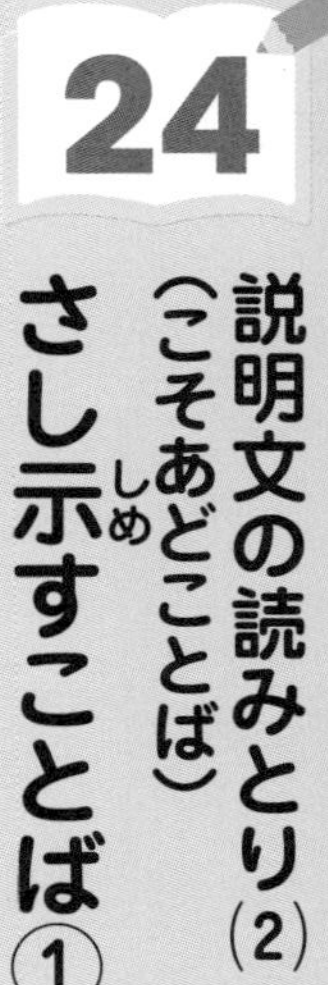

24 説明文の読みとり(2)（こそあどことば）
さし示（しめ）すことば①

1 次の□のことばは、何をさしていますか。□一マスに一文字が入ります。（一つ10点）

(1)

つくえから消しゴムが落ちて、ゆかを転がっていった。ひろみが［それ］を拾って、持ってきてくれた。

〔消しゴム〕

(2)

校舎側（こうしゃがわ）の花だんに赤いチューリップがさいています。［あれ］は、わたしたちが植えたものです。

〔赤い□□□□□□〕

(3)

駅前の交差点で信号が変わるのを待っていました。すると、［そこ］で、おばあさんに道をきかれました。

〔駅前の□□□〕

(4)

お母（かあ）さんのたん生日に、お祝いの花束を買って用意しました。夕食のとき、［それ］をお母（かあ）さんにわたしたら、とても喜（よろこ）んでくれました。

〔お祝いの□□〕

さし示（しめ）すことばには、「㋙れ」「㋞れ」「㋐れ」「㋳れ」のように、「㋙㋞㋐㋳」の文字がつくよ。それで「こそあどことば」というんだよ。

2 次の文章を読んで、後の問題に答えましょう。（一つ15点）

事故（じこ）や事件（じけん）が起きたとき、一一〇番に電話します。この電話は、指令センターにつながります。そして、［ここ］で、事故（じこ）や事件（じけん）の場所や内容（ないよう）をきかれます。

(1) 「この電話」とは、どんな電話ですか。

［　　　　］（の電話）

(2) ［ここ］は、何をさしていますか。

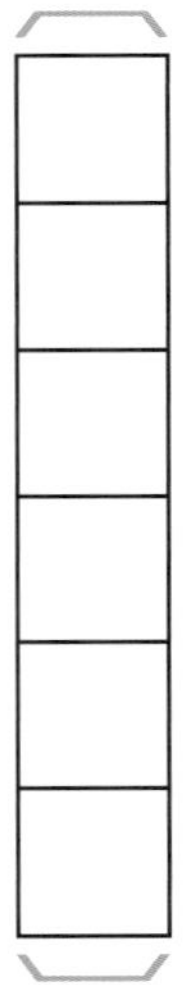

3 次の文章を読んで、後の問題に答えましょう。（一つ15点）

サバンナ地帯とは、アフリカなどに見られる草原です。［ここ］は、熱帯の雨が少ない地いきです。しかし、雨季※になると、いっせいに草がのびてきます。ですから、ここには、豊（ゆた）かな草を求める草食動物と、［それ］をねらう肉食動物が、たくさん集まっています。

※雨季…一年のうちで、特に雨が多くふる時季。

(1) ［ここ］は、何をさしていますか。

［　　　　］地帯

(2) ［それ］は、何をさしていますか。

豊（ゆた）かな草を求める［　　　　］

「そこ」や「ここ」は、場所をさすよ。「それ」「あれ」は、物やことがらをさすよ。また、□などのこそあどことばがさす内容（ないよう）は、こそあどことばより前の部分に出ていることが多いよ。

説明文の読みとり(2)（こそあどことば）
さし示すことば②

1 次の文章を読んで、後の問題に答えましょう。（10点）

むし暑い夏などには、食べ物がくさりやすく、食中毒にかかりやすくなる。これを防ぐためには、ふだんの生活で、どんなことに気をつければよいだろうか。

(1) これは、何をさしていますか。

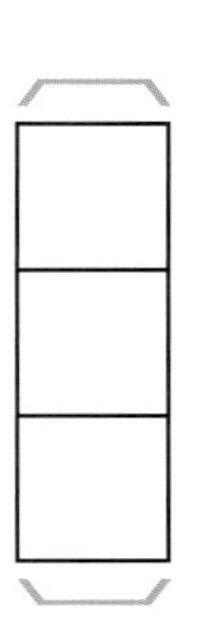

2 次の文章を読んで、後の問題に答えましょう。

皮ふは、さわった感じ、熱さ、冷たさ、いたさなどを感じとることができます。①これを皮ふ感覚といいます。②これによって、わたしたちは気持ちよさを感じたり、不快さを感じたりします。

また、このおかげで、いたさや熱さを感じるので、危険から身を守ることもできるのです。

(1) ①・②のこれは、何をさしていますか。（読点「、」も一マス使います。）（一つ15点）

①
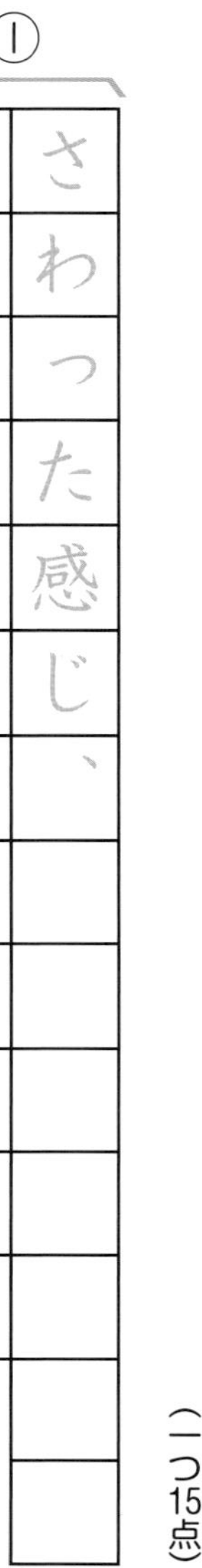

②
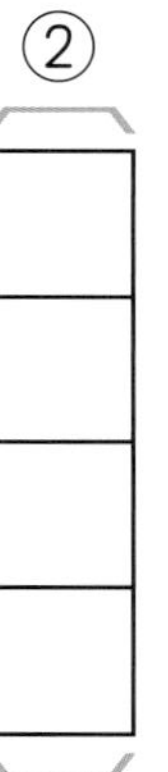

(2) 「このおかげ」とは、何のおかげですか。（15点）

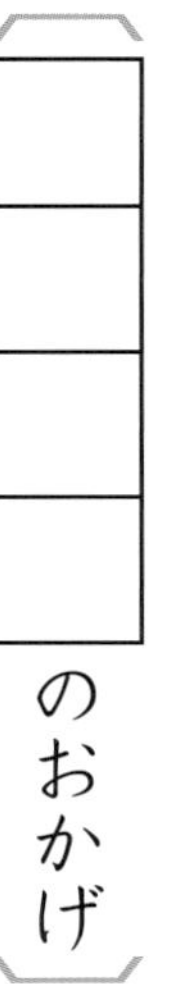
のおかげ

さしていることがらを見つけたら、□や——の部分にあてはめてみて文の意味が通じるかどうか確かめてみよう！

3 次の文章を読んで、後の問題に答えましょう。（一つ15点）

ミミズは、土の中でどんなはたらきをしているだろう。

木の葉が地面に落ちると、ミミズは、それを食べる。そして、細かいふんをする。これには、栄養分がたくさんふくまれているので、肥えた土になる。

また、ミミズが通ったすき間には、水や空気がたくわえられるので、耕された土になる。このような土は、農作物の生長にとって、とても都合がよいので、たくさんの農作物がとれる。

つまり、ミミズは、地面をそうじしながら、養分の多い土をつくっているといえる。

(1) それは、何をさしていますか。

地面に落ちた［　　　　］

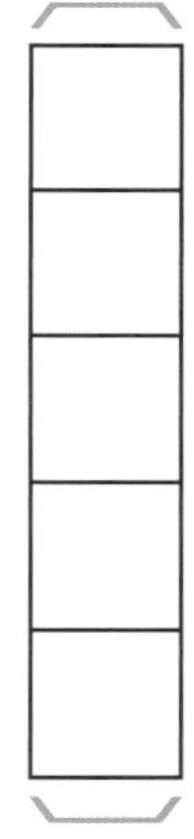

(2) これは、何をさしていますか。

［　　　　　］

(3) 「このような土」とは、どんな土ですか。

ミミズがふんをすることで［　　　］土や、ミミズが通ることで［　　　　］土

26 説明文の読みとり(2)（こそあどことば）

さし示（しめ）すことば③

月　日

名前

始め　時　分

終わり　時　分

かかった時間　分

とく点　点

1 次の文章を読んで、後の問題に答えましょう。

物を落とすと、地面に向かって落ちていきます。［これ］は重力といって、物を引っぱる地球の力がはたらいているからです。

この力は、地球の中心に向かっているので、丸い地球のどこにいても立っていられるわけです。

(1) ［これ］は、何をさしていますか。（10点）

［物が地面に向かって＿＿＿＿＿こと］

(2) 「この力」とは、どんな力ですか。（15点）

［物を＿＿＿＿＿＿＿力］

2 次の文章を読んで、後の問題に答えましょう。（15点）

夜空には、赤い星、青白い星、黄色っぽい星など、さまざまな色の星がかがやいています。

［これ］は、星の表面温度のちがいによるものです。表面温度が高いほど青白く、低い星ほど赤っぽく見えるのです。

(1) ［これ］は、何をさしていますか。（読点「、」も一マス使います。）

［夜空には、赤い星、＿＿＿＿＿＿＿＿星がかがやいていること］

3 次の文章を読んで、後の問題に答えましょう。

川の流れには、地形を変える三つのはたらきがあります。①これを、流れの三作用といいます。

一つは、川岸や川底の岩石をけずるしん食作用です。②これによって、谷ができます。

もう一つは、けずられた小石やどろを運ぶ運ぱん作用です。大雨の後や流れの急な場所では、③これによって、きょ大な石や岩も運び去られます。

残りの一つは、運んだ小石やどろを積もらせていくたい積作用です。④これによって、河口(かこう)には三角州(さんかくす)※ができます。

※三角州(さんかくす)…川上から運ばれてきた土などが河口(かこう)にたまってできた、三角形の低い土地。

(1) ①の［これ］は、何をさしていますか。（15点）

［地形を　　　　　　　　　　］

(2) ②～④の［これ］は、何をさしていますか。（一つ15点）

② ［川岸や　　　　　　　　　　］

③ ［けずられた　　　　　　　　　　］

④ ［　　　　　　　　　　］

こそあどことばがさしていることがらは、❶(1)や❷のように、前の一文をさしたり、一つのことばとは限(かぎ)らないよ。一つの段落(だんらく)をさしたりすることもあるよ。

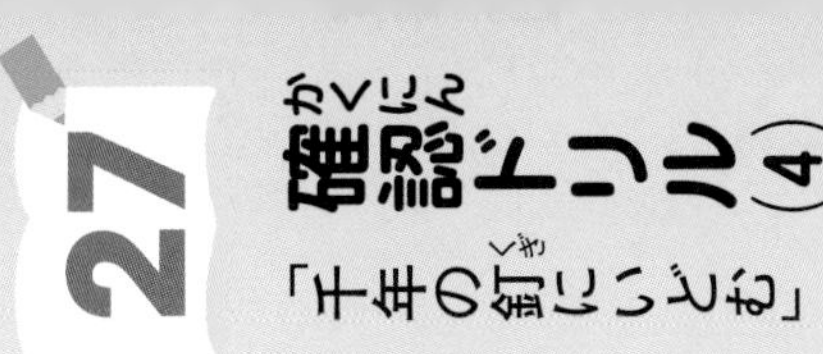

27 確認ドリル(4)
「千年の釘にいどむ」

月　日　名前

始め　時　分　終わり　時　分　かかった時間　分

とく点　点

1 次の文章を読んで、下の問題に答えましょう。

「釘なんて、いつの時代でも同じではないのか。」そう考えるかもしれない。しかし、[それ]はちがう。今の釘の寿命は、せいぜい五十年。[それ以上]になると、空気や水にふれたところからさびて、くさってしまう。今の日本の木造家屋は、三十年ぐらいで建てかえをすることが多いから、[これ]でもさしつかえない。[①]、千年もたせる建物には、こういう釘は使えない。

（一部省略）古代の釘を見てほしい。これが釘かと思えるほどの大きさではないか。長さが約三十六センチメートルもある。[それ]だけではない。材料の性質もちがう。古代の釘も現代の釘も、材

(1) [それ]は、何をさしていますか。(10点)

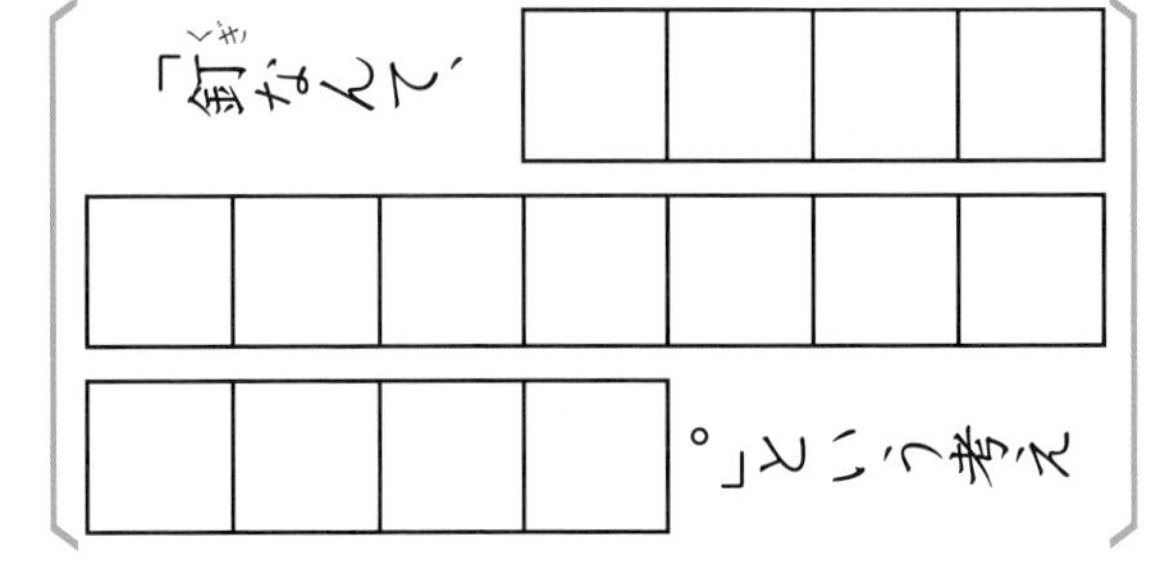

「釘なんて、□□□□□□□□□□□□□□□。」という考え

(2) [それ以上]とは、何以上ですか。(10点)

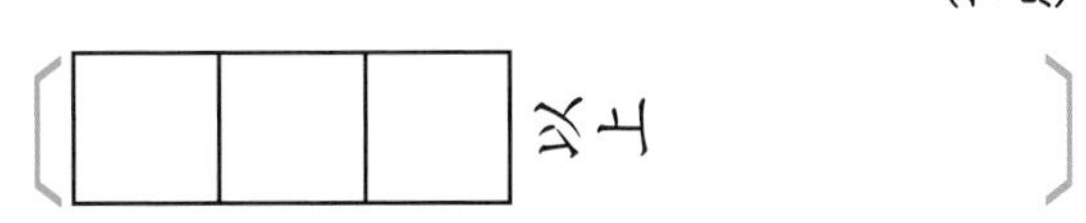

□□□以上

(3) [これ]は、何をさしていますか。(一つ5点)

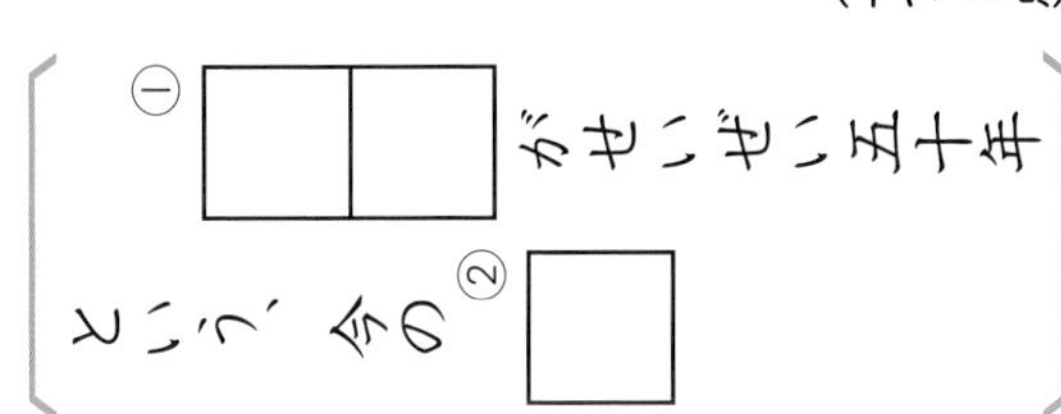

①□□がせいぜい五十年という、今の②□

(4) [①]に合うことばを一つ選んで、○をつけましょう。(10点)

ア(　)そこで

イ(　)それとも

ウ(　)ところが

(5) [それ]は、何をさしていますか。(一つ5点)

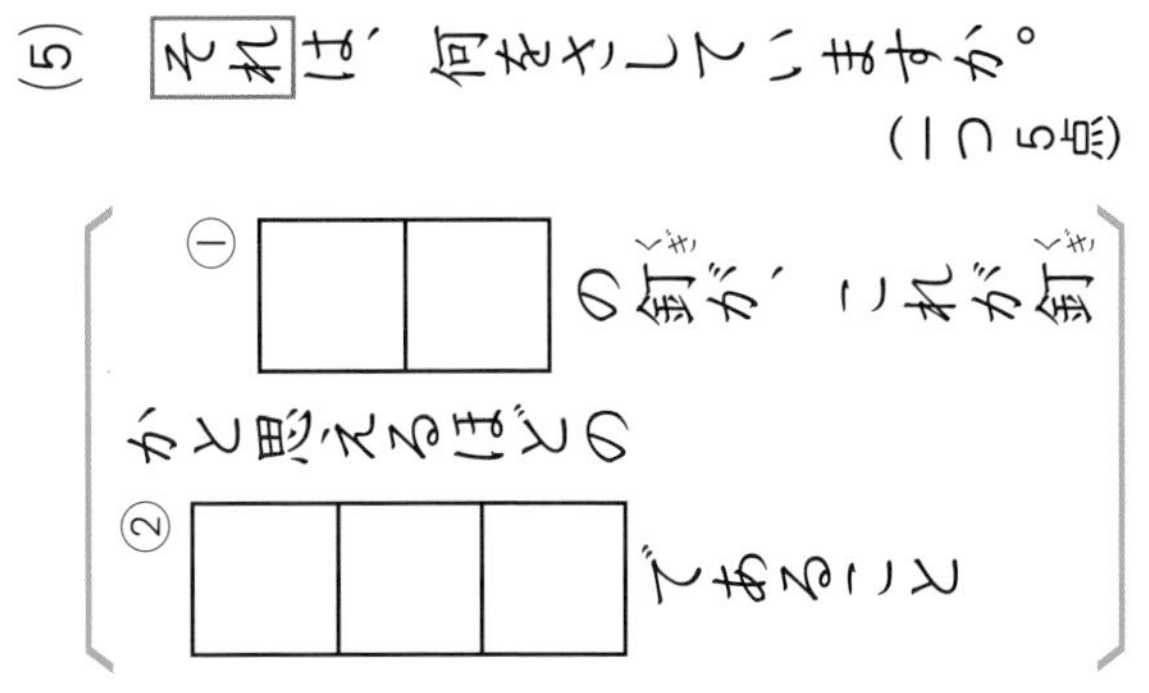

①□□の釘が、これが釘かと思えるほどの②□□□であること

料が鉄であることに変わりはない。しかし、現代の鉄は、製鉄所で作られるときに大量生産と加工がしやすいように、いろいろなものが混ぜられる。[②]、鉄の純度が低いのだ。[これ]に対して、古代の鉄はどうか。古代の鉄は、砂鉄を原料に、たたらという特別な方法で、何日間も火を燃やし、何回もたたき直して作られた。[こうして作られた鉄]は、きわめて純度が高い。純度の高い鉄は、さびにくい。千年たってもさびてくさらない。※白鷹さんは、現代の方法で作られた鉄を使っては、求めている釘を作ることはできないと思った。製鉄会社に相談して、特別に純度の高い鉄を用意してもらうことにした。

※白鷹さん…釘づくりを任された、かじ職人。

（平成27年度版 光村図書 国語五 銀河 76〜77ページより『千年の釘にいどむ』内藤誠吾）

(6) 「しかし」は、前の文と後の文をどのようにつないでいますか。一つ選んで、○をつけましょう。（10点）

ア（　）前の文に続く内容を、後の文に述べている。

イ（　）前の文と反対の内容を、後の文に述べている。

ウ（　）前の文での内容を、後の文で付け足している。

(7) [②]に合うことばを一つ選んで、○をつけましょう。（10点）

ア（　）そして

イ（　）つまり

ウ（　）けれども

(8) [これ]は、何をさしていますか。（10点）

①[　　]が低いという、②[　　]の鉄

(9) [こうして作られた鉄]とは、どんな鉄ですか。（一つ5点）

①[　　]を原料に、②[　　　]という方法で、何日間も火を③[　　　]、何回も④[　　　　]作られた鉄

(1) [それ]などのさし示すことばがさしている内容は、そのことばより前の部分にあるよ。つなぐことばは、前の文と後ろの文の関係を考えよう。

28 物語の読みとり(3) 人物の気持ち①

月　日　名前
始め　時　分　終わり　時　分　かかった時間　分　とく点　点

1 次の□の文を読んで、後の問題に答えましょう。（15点）

そうたはテストで百点をとったので、うれしくなった。

(1) そうたは、どんな気持ちになりましたか。

〔（そうたは、）（　　　　）なった。〕

2 次の□の文を読んで、後の問題に答えましょう。（15点）

かおりはかわいそうな話を読み、悲しくなった。

(1) かおりは、どんな気持ちになりましたか。

〔（かおりは、）（　　　　）なった。〕

3 次の文章を読んで、後の問題に答えましょう。（15点）

　みさとは、音楽の時間、リコーダーがうまくふけなかった。みさとはくやしくて、家でリコーダーの練習をした。

(1) みさとは、どんな気持ちでリコーダーの練習をしましたか。

〔（　　　　）気持ちで練習をした。〕

4 次の文章を読んで、後の問題に答えましょう。（15点）

　休みの日、ゆうたは、たかあきたちと海に泳ぎに行った。楽しくて、暗くなるまで海辺で遊んだ。

(1) ゆうたは、どんな気持ちで海辺で遊びましたか。

〔（　　　　）気持ちで遊んだ。〕

5 次の文章を読んで、後の問題に答えましょう。（20点）

たつやは、弟のかずやといっしょに、商店街でやっている福引きのちゅう選所へ行った。たつやが福引きのくじを引いたら二等賞（にとうしょう）が当たった。賞品（しょうひん）はテレビゲームだ。たつやはうれしくなって、

「やったあ。」

と、両手を上げてとびはねた。

(1) たつやは、二等賞（にとうしょう）が当たって、どんな気持ちでしたか。

〔（　　　　）気持ち。〕

6 次の文章を読んで、後の問題に答えましょう。（20点）

ゆみの部屋（へや）に、みおが遊びに来た。二人（ふたり）は、着てみたい洋服の話をしたり、好きな本の話をしたりした。気がつくと夕方になっていたので、みおは自分の家に帰っていった。みおがいなくなると、部屋（へや）が静かになった。ゆみはさびしくなったので、音楽をきくことにした。

(1) ゆみは、みおが帰ったあと、どんな気持ちでしたか。

〔（　　　　）気持ち。〕

人物の気持ちを読みとるときは、まず、「うれしい」「悲しい」「くやしい」「楽しい」という気持ちを表すことばをさがしてみよう！

29 物語の読みとり(3)
人物の気持ち②

月　日
名前
始め　時　分
終わり　時　分
かかった時間　分
とく点　点

1 次の□の文を読んで、後の問題に答えましょう。（10点）

> ひろみは、明日(あす)のキャンプのことを考えると、うきうきしてねむれなかった。

(1) ひろみのどんな様子から、うれしい気持ちがわかりますか。

〔（　　　　　）してねむれない様子から。〕

2 次の□の文を読んで、後の問題に答えましょう。（10点）

> 逆転(ぎゃくてん)のホームランを打たれて、けんたは、地面をはげしくふみつけた。

(1) けんたのどんな様子から、くやしい気持ちがわかりますか。

〔地面を（　　　　　）様子から。〕

3 次の文章を読んで、後の問題に答えましょう。（15点）

> かずやは、先生の質問(しつもん)の答えがひらめいた。自信満々で手をあげて、答えを言ったら、ぜんぜんちがっていた。かずやは、顔が真っ赤(まっか)になった。

(1) かずやのどんな様子から、はずかしい気持ちがわかりますか。

〔顔が（　　　　　）様子から。〕

4 次の文章を読んで、後の問題に答えましょう。

今日はだいすけのたん生日です。兄のあきらは、だいすけをおどろかそうと、クラッカーを持ってかくれていました。だいすけが部屋に入ってくると、あきらはクラッカーを鳴らしました。だいすけは、うわあと大声をあげて、目をぱちぱちしていました。

(1) だいすけがびっくりしている様子について、(　)に合うことばを書きましょう。（一つ10点）

だいすけは、①(　　　　)をあげて、
目を②(　　　　)していました。

5 次の文章を読んで、後の問題に答えましょう。

ジェットコースターが少しずつ上がっていくとき、みさとは、むねがどきどきしました。そして、登りつめると、今度は、いっきに落ちていきます。みさとは、キャーと悲鳴をあげると、もう目を開けていることもできないで、うつむいてしまいました。少し平気かなと思うと、また急な下りが始まりました。

(1) みさとがこわがっている様子について、(　)に合うことばを書きましょう。（一つ15点）

- みさとは、むねが①(　　　　)しました。
- みさとは、②(　　　　)をあげると、目を開けている
ことをできないで、③(　　　　)しまいました。

❶～❸のように、人物の様子から気持ちがわかるよ。どんなときの様子かを想像して気持ちを考えてみよう。

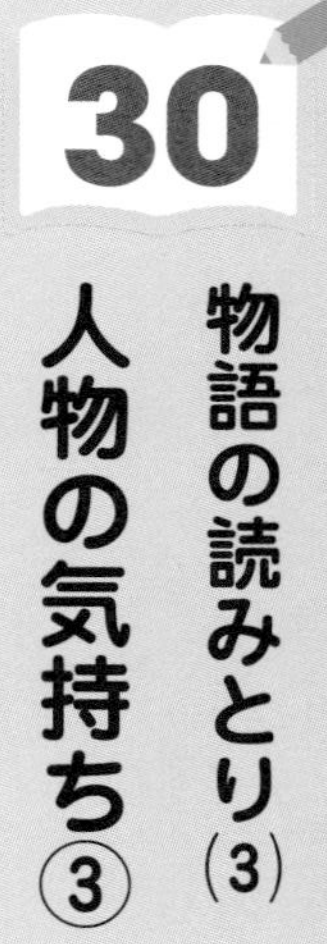

30 物語の読みとり(3) 人物の気持ち③

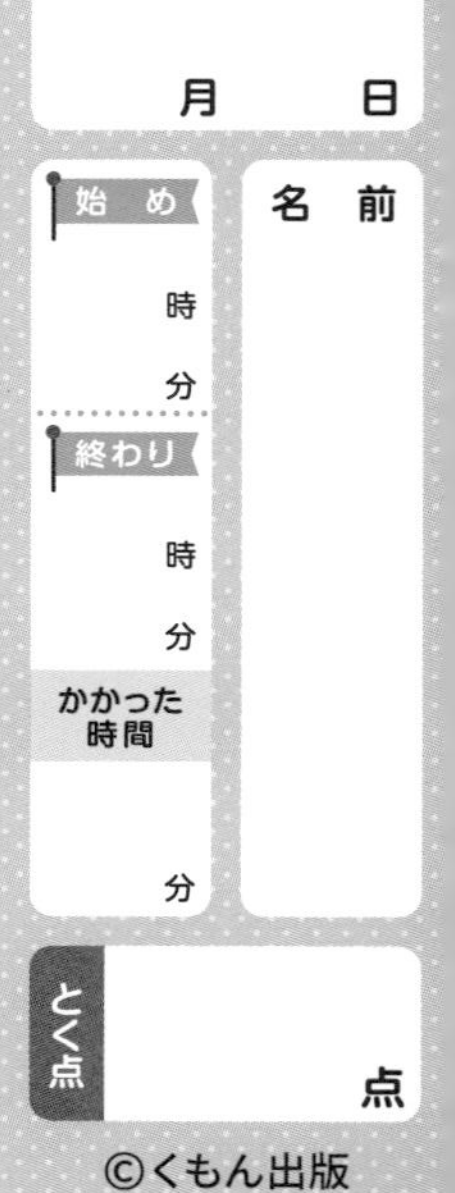

1 次の文章を読んで、後の問題に答えましょう。

「あ、しまった。」

めぐみは、部屋（へや）でランドセルを開けると、宿題のプリントを学校のつくえの中に入れたままだったことに気がつきました。

外は、もう暗くて、取りにも行けないし、どうしようもないので、めぐみはほとほとこまってしまいました。

(1) めぐみがこまってしまったのは、どうしてですか。（10点）

〔（　　　　　　）を学校にわすれてきて、取りにも行けないから。〕

2 次の文章を読んで、後の問題に答えましょう。

わたしが家のげん関のドアを開けると、妹がうずくまっていた。

「なおちゃん、どうしたの。」

と言うと、妹は目を真（ま）っ赤（か）にして、わっと、だきついてきた。

「お母（かあ）さん、まだ、帰ってこない……。」

「きっと、もうすぐ帰ってくるよ。部屋（へや）で遊ぼう。」

妹は、わたしのことばにうなずくと、にこりとしました。

(1) 妹のなおちゃんが、「わたし」にだきついてきたのは、どうしてですか。なおちゃんが言ったことばからさがして書きましょう。（一つ10点）

〔①（　　　　　　）が、まだ②（　　　　　　）ので
さびしかったから。〕

3 次の文章を読んで、後の問題に答えましょう。

まさるは、かさを落として、とぼとぼ帰っていった。

「公園のベンチにかばんといっしょに置いといたのに……。」

まさるは、買ってもらったばかりの本をなくしたので、すっかり元気がなくなってしまった。

(1) まさるのどんな様子から、「すっかり元気がなく」なったのがわかりますか。 （一つ15点）

〔①（　　　　）を落として、②（　　　　）帰っていった様子から。〕

(2) まさるが「すっかり元気がなく」なったのは、どうしてですか。 （10点）

〔買ってもらったばかりの（　　　　）ので。〕

4 次の文章を読んで、後の問題に答えましょう。 （一つ15点）

なおきは、テストの用紙を見て、おどろいた。

「わあ、ぜんぜん知らない問題だ。」

何回読んでみても、ちんぷんかんぷん※だ。

ブー。テストの終わりだ。答えは一つも書きこんでいない。

「どうしよう。」なおきは、頭をかかえた。

ブーブーブーブー、目覚まし時計(どけい)の音で目が覚めた。
※ちんぷんかんぷん…何がなんだかさっぱりわからないこと。

(1) なおきがおどろいたのは、どうしてですか。

〔テストが、（　　　　）問題だったから。〕

(2) なおきのどんな様子から、こまり果てたことがわかりますか。

〔（　　　　）様子から。〕

4「ブー」の音は、テストが終わった合図ではなく、目覚まし時計(どけい)のブザーの音だったんだね。つまり夢(ゆめ)を見ていたんだ。

31 物語の読みとり(3) 気持ちの変化①

月　日　名前

始め　時　分　終わり　時　分　かかった時間　分　とく点　点

1 次の文章を読んで、後の問題に答えましょう。（一つ15点）

「ようし、もう一点もやらないぞ。」……あ

と、ゴールキーパーのりくは、心をふるいたたせた。と、そのとき、ものすごい勢（いきお）いで、ボールがとんできた。りくは、そのボール目がけて、思いきり手をのばした。ボールは、りくの手に当たって、はね返った。

「やったあ。ボールを止めたぞ。」……い

と喜（よろこ）んだしゅん間、はね返ったボールは、りくと反対の方のゴールすみにけりこまれてしまった。そこで、ピーッと笛が鳴った。

　試合は一点差で負けてしまった。りくは、くやしさのあまり、うずくまってなみだを流した。

(1) あのことばを言ったとき、りくは、どんな気持ちでしたか。後の［　］から選んで、書きましょう。

〔元気を出して、（　　　　）気持ち。〕

［悲しんでいる　・　張（は）りきっている　・　静かにしている］

(2) いのことばを言ったとき、りくは、どんな気持ちでしたか。

〔ボールを止めて、（　　　　）気持ち。〕

(3) りくのどんな様子から、くやしさがわかりますか。

〔うずくまって（　　　　）様子から。〕

2 次の文章を読んで、後の問題に答えましょう。

「何年ぶりだろう。」

まりなは木馬にまたがって、少し照れていた。

五年生にもなって※メリーゴーラウンドに乗るのははずかしかったけれど、いとこのみっちゃんがどうしてもいっしょに乗ろうと言うから、仕方なく乗ることになった。

木馬がゆっくり上がったり下がったりしながら、メリーゴーラウンドは回り始めた。

ふり返ってみると、みっちゃんが手をふってはしゃいでいた。そのすがたを見て、まりなは、小さかったころ、遊園地に行けば必ずせがんで乗せてもらったことを思い出し、なつかしくなった。

そして、まりなは、小さかったころの自分と同じように、たづなかた手に、パカパカ……とやってみた。

※メリーゴーラウンド…馬などの形をしたものに乗って、回って遊ぶように作られた回転台。

(1) 「木馬にまたがって」、まりなは、どんな気持ちでしたか。（15点）

〔（五年生にもなって、）（　　　　　　）気持ち。〕

(2) はしゃいでいるみっちゃんを見て、まりなは、どんな気持ちになりましたか。（20点）

〔（小さかったころの自分を思い出し、）（　　　　　　）気持ち。〕

(3) 〰〰から、まりなのどんな気持ちがわかりますか。後の［　］から選んで書きましょう。（20点）

〔（小さかったころの自分と同じように、）
（　　　　　　）気持ち。〕

［悲しくなった　・　くやしくなった　・　楽しくなった］

❶りくの(1)〜(3)の気持ち、❷まりなの(1)〜(3)の気持ちを追ってみると、人物の気持ちの変化がわかるよ。このように、気持ちが変化するところに注目するんだよ。

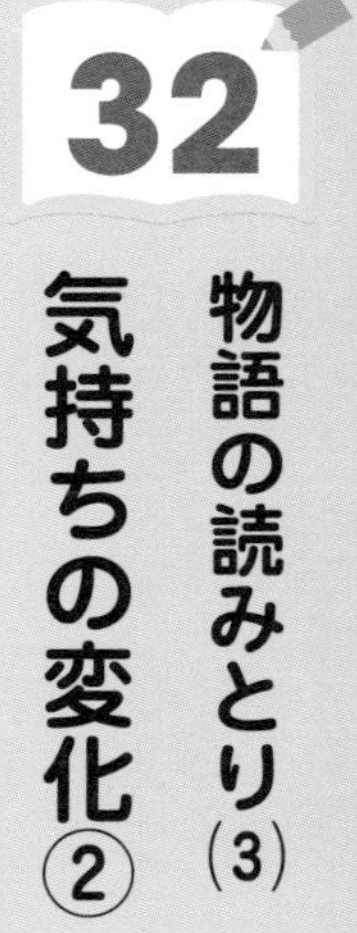

32 物語の読みとり(3) 気持ちの変化②

1 次の文章を読んで、後の問題に答えましょう。（一つ15点）

母は、妹がつかんではなさないビーズの箱をしぶしぶ店のレジへ持っていった。妹は、その後をスキップしながらついていった。

「もう、ミキはいつもずるいんだから。」

あすかは、とびはねている妹を横目で見ながら、店の外へ出た。そして、チェッと言って口をとがらせた。

店から出てきた母が、

「さあ、お姉ちゃんの本を買いに行こうか。」

と、つまらなそうにしていたあすかのかたをポンとたたいた。

「えっ。いいの。」

「ええ。お姉ちゃんは、家のことをよくしてくれるから、ごほうびに、ほしがっていた本を買ってあげるわよ。」

あすかの心は、急に、ぱあっと明るくなった。

(1) あすかは、ビーズの箱を買ってもらう妹を見て、どう思いましたか。あすかが言ったことばを書きましょう。

〔　　　　　　　　　　〕

(2) あすかのどんな様子から、くやしい気持ちがわかりますか。

〔チェッと言って（　　　　　　　　）様子から。〕

(3) お母(かあ)さんに〰〰のように言われて、あすかは、どんな気持ちになりましたか。それがわかる部分を書きましょう。

〔あすかの心は、（　　　　　　　　）。〕

2 次の文章を読んで、後の問題に答えましょう。

　初めの二十メートルくらいは、順調に泳ぐことができた。

「よし。なかなかいい調子だ。」

　ところが、折り返しのとき、水を飲んでしまった。とたんに、リズムがくずれて、息が苦しくなった。

「ああ、もう無理かな……。」……㋐

　あきらめかけて、うでの動きがにぶくなったとき、

「えり、がんばれ。」

という、ゆかの大きな声が聞こえた。えりは、夏休み、毎日のようにゆかといっしょに練習したことを思い出した。すると、再(ふたた)びリズムをとりもどした。

「もう少し。あと少し。」

という、ゆかの声にはげまされ、えりは五十メートルを泳ぎきった。えりが顔を上げると、ゆかはV(ブイ)サインを送ってくれた。えりは、むねが熱くなって、なみだがこみ上げてきた。

(1) えりが、㋐のように思ったのは、どうしてですか。（10点）

〔水を飲んでしまって、（　　　　　　）から。〕

(2) あきらめかけたえりが、再(ふたた)びリズムをとりもどせたのは、どうしてですか。（一つ15点）

〔①（　　　　　　）という、②（　　　　　　）の大きな声が聞こえたから。〕

(3) ゆかのV(ブイ)サインを見たときのうれしい気持ちは、えりのどんな様子からわかりますか。（15点）

〔むねが熱くなって、（　　　　　　）様子から。〕

人物が言ったことばやした動作に注意して読もう。そのうえで、どんな様子だったかを考えれば、人物の気持ちがわかってくるよね。

33 物語の読みとり(3) 人がらと主題

1 次の文章を読んで、後の問題に答えましょう。

「じゃあ、公園で待ってるぞ。」

そう言うと、かずやは、ゆうとの返事も聞かないで、教室を飛び出していった。

「どうしよう。」

　今朝(けさ)、ゆうとは、はるきとキャッチボールをする約束をしていた。かずやもはるきも、どちらかというと自分勝手で、あまり人のことを考えない。少し気弱なゆうとは、かずやはるきに強く言われると、いやと言えない。おまけに、かずやとはるきは仲が悪いので、絶対(ぜったい)いっしょには遊ばないのだ。

　いい考えがうかばないので、ゆうとは、また大きなため息をついて、とぼとぼと家に帰った。

(1) ゆうとが「どうしよう。」と思ったのは、どうしてですか。（一つ10点）

はるきと①(　　　　)をしているのに、かずやに②(　　　　)で待ってるぞと言われたから。

(2) 二人は、どんな子ですか。（一つ10点）

① かずや・はるき…(　　　　)な子。

② ゆうと…(　　　　)な子。

(3) ゆうとが、〰〰のように元気がないのは、どうしてですか。（10点）

(　　　　)がうかばないから。

2 次の文章を読んで、後の問題に答えましょう。

矢助は、小屋の修理をしていた。すると、バサバサと羽音がして、山ばとが落ちるようにおりてきた。山ばとは、少しバタバタと動いた後、横にたおれてしまった。矢助は、すぐに山ばとに近寄ってみた。すると、はらからつばさにかけて赤黒い血がついていた。

「こりゃ、大変だ。」

矢助は修理のこともわすれて、山ばとに手ぬぐいをかぶせ、急いで山ばとを小屋に運んだ。矢助は、やさしく、きず口をふいて、薬をつけ、手ぬぐいを細く切って包帯のように体にまいた。

「四、五日、じっとしていれば、よくなる。」

矢助のことばに安心したのか、山ばとはおとなしく目をとじた。

(1) 山ばとのどんな様子を見て、矢助は「こりゃ、大変だ。」と言ったのですか。（一つ10点）

〔①（　　　）からつばさにかけて②（　　　）がついていた様子。〕

(2) 矢助は、山ばとをどのように手当てしましたか。（一つ10点）

〔（矢助は、）①（　　　）、きず口をふいて、薬をつけ、手ぬぐいを②（　　　）のように体にまいた。〕

(3) 〰の様子から、どんなことがわかりますか。後の［　］から選んで書きましょう。（10点）

〔山ばとが、手当てをしてくれた矢助を（　　　）こと。〕

［うらんでいる・信じている・うたがっている］

「主題」とは、物語などの中で、作者（書き手）が、いちばん書きたかった内容の中心だよ。❷では、山ばとに対する矢助の対応を通して、思いやりに

34 確認ドリル(5)
「いつか、大切なところ」

月 日	名前
始め 時 分	
終わり 時 分	
かかった時間 分	
とく点 点	

1 次の文章を読んで、下の問題に答えましょう。

亮太はつりかわにつかまり、ぼんやりと外をながめた。

前の友達と学校は、何も変わらないと思っていた。前の町に行けば、引っこす前と変わらない状態にもどれると、勝手に思いこんでいた。

だけど、そんなはずがない。向こうは向こうで、新しいことがどんどん起きているのだ。

……ひとりぼっちになったみたいだ。

なみだがこみあげてきそうなのをこらえ、まどに目をやると、くすんだ色の景色が流れている。


改札を出て、のろのろ歩き始めると、一台の自転車が亮太を追いこしていった。

と思うと、すぐ先で止まり、自転車に乗った女の子がこっちを見た。

「西村君だよね。」

亮太はびっくりして立ち止まった。

「……えっと、同じクラス？」

「ちがうよ。」

(1) 亮太は、「ぼんやりと外をながめ」てどんなことを考えていましたか。 (一つ5点)

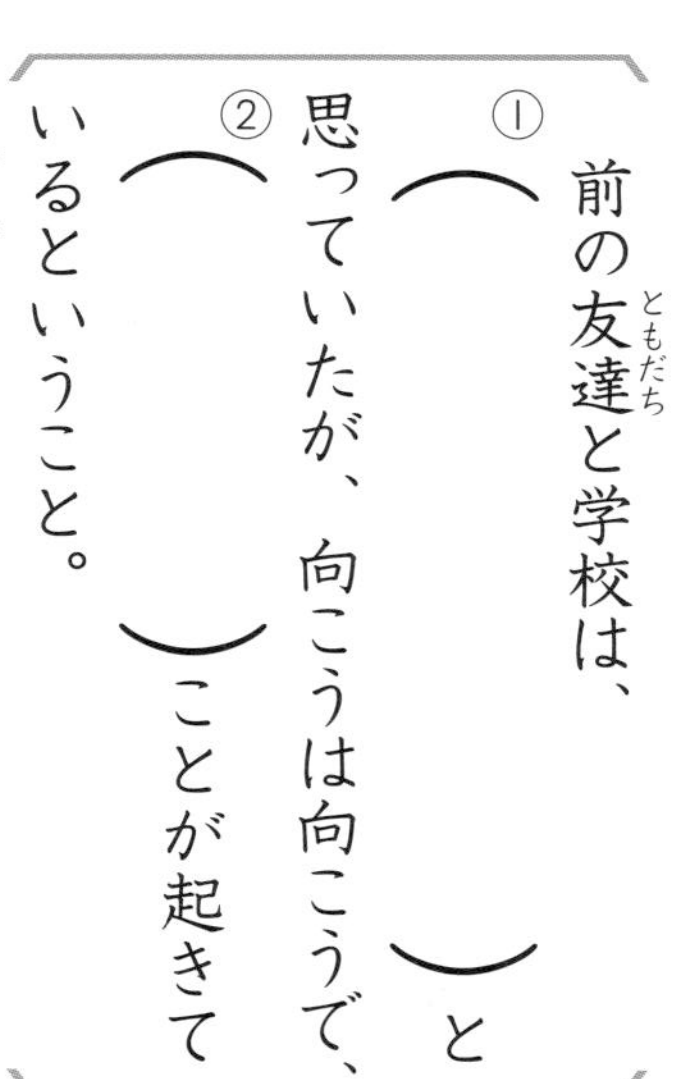

前の友達と学校は、
①(　　　　)と
思っていたが、向こうは向こうで、
②(　　　　)ことが起きて
いるということ。

(2) 亮太のどんな様子から、悲しい気持ちがわかりますか。 (一つ10点)

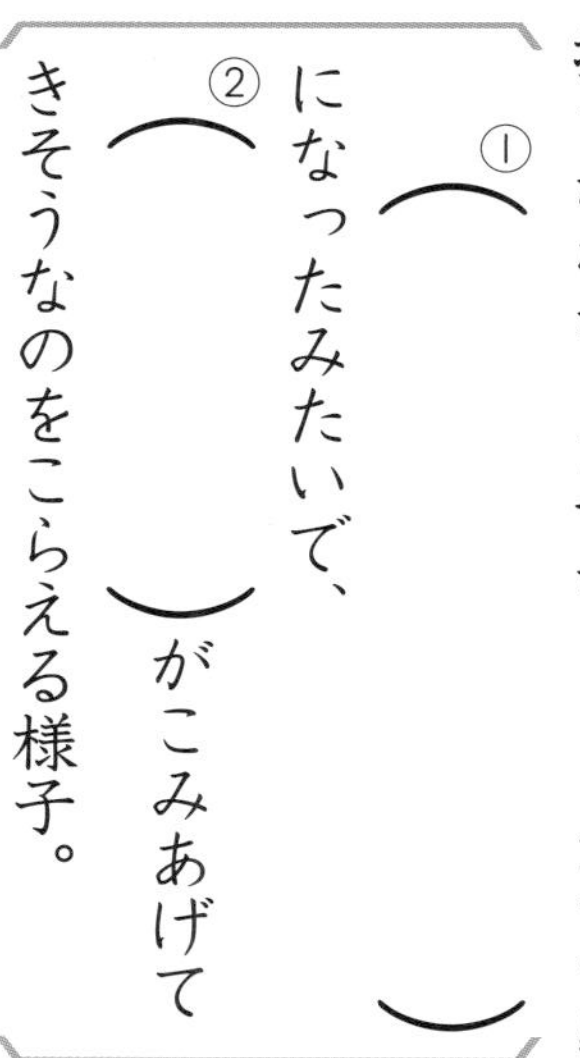

①(　　　　)
になったみたいで、
②(　　　　)がこみあげて
きそうなのをこらえる様子。

(3) 「亮太はびっくりして立ち止まった」のは、どうしてですか。一つ選んで、○をつけましょう。 (10点)

ア(　)大きな声で、名前をまちがえられたから。

イ(　)知らない子に名前をよばれたから。

ウ(　)毎日学校で会う友達に、外でも会ったから。

(4) 亮太と女の子は、どんな関係でしたか。 (10点)

(　　　　)がいっしょの関係。

女の子は笑った。

「クラブがいっしょ。」

「あ、そうか。」

亮太は、新しい学校でたっきゅうクラブに入った。でも、活動はまだ一度だけだ。顔も全員は覚えていない。

〔女の子は、亮太と話して帰っていった。〕

「亮太。」

ふり返ると、母さんだ。

「やっぱり、さっきの電車だったのね。お帰り。」

買い物をしてきたらしく、ふくろを両手にさげている。

「今、だれとしゃべってたの？」

「名前は知らない。」

母さんがびっくりした顔になる。

「えっ、知らない子としゃべってたの？」

「そうじゃなくて、同じ学校の人だよ。名前は知らないけど、そのうちわかる。」

言ってから、そのとおりだと思った。

今、知らなくても、そのうちにわかる。ここで知っていることが、どんどんふえていくのだ。

〔　〕部分要約

（令和2年度版 教育出版 ひろがる言葉 小学国語五上 22〜25ページより『いつか、大切なところ』魚住 直子）

(5) 「母さん」は、どんな様子でしたか。（一つ5点）

〔①（　　）をしてきたらしく、②（　　）を、両手にさげている様子。〕

(6) 母さんが「びっくりした顔」になったのは、どうしてですか。（一つ10点）

〔亮太が①（　　）と②（　　）いたと知ったから。〕

(7) 何が「そのうちわかる」のですか。（10点）

〔　　〕

(8) 〰から、亮太のどんな気持ちがわかりますか。後の［　］から選んで書きましょう。（10点）

〔引っこしたところでも新しく知ることがどんどんふえるので、（　　）する気持ち。〕

［失望・心配・期待］

文章の最初では、亮太の様子から悲しい気持ちが読みとれるね。その後、女の子と出会ったことで、亮太の気持ちが変化したことがわかるよ。

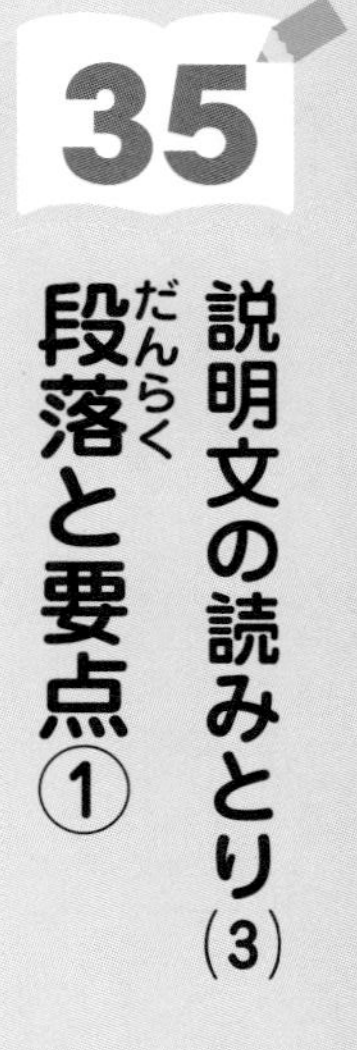

説明文の読みとり(3)
段落と要点①

1 次の文章を読んで、後の問題に答えましょう。

①皮ふは、さわった感じ、熱さ、冷たさ、いたさなどを感じとることができます。これを皮ふ感覚といいます。

②これによって、わたしたちは、気持ちよさを感じたり、不快さを感じたりします。

③また、このおかげで、いたさや熱さを感じるので、危険から身を守ることもできるのです。

④もし、この感覚がなかったら、わたしたちは、すぐに、やけどをしたり、かぜをひいたりしてしまいます。

(1) 「皮ふ感覚」とは、どんな感覚をいいますか。(　)に合うことばを、①の段落からさがして書きましょう。(一つ10点)

さわった感じ、㋐(　　　)、冷たさ、㋑(　　　)などを感じとる感覚。

(2) 「皮ふ感覚」のおかげで、危険から身を守ることができるのは、どうしてですか。(　)に合うことばを、③の段落からさがして書きましょう。(10点)

(皮ふ感覚のおかげで、)(　　　)を感じるので。

(3) 「皮ふ感覚」がなかったら、わたしたちは、どうなってしまうと書かれていますか。(　)に合うことばを、④の段落からさがして書きましょう。(一つ10点)

(わたしたちは、すぐに、)㋐(　　　)をしたり、㋑(　　　)をひいたりしてしまう。

2 次の文章を読んで、後の問題に答えましょう。

①川の流れには、地形を変える三つのはたらきがあります。これを、流れの三作用といいます。

②一つは、川岸や川底の岩石をけずるしん食作用です。これによって、谷ができます。

③もう一つは、けずられた小石やどろを運ぶ運ぱん作用です。大雨の後や流れの急な場所では、これによって、きょ大な石や岩も運び去られます。

④残りの一つは、運んだ小石やどろを積もらせていくたい積作用です。これによって、河口には三角州ができます。

(1) 「流れの三作用」とは、川のどんなはたらきをいいますか。（　）に合うことばを、①の段落からさがして書きましょう。（10点）

〔（　　　　）を変える三つのはたらき。〕

(2) ②〜④の段落では、どんな「流れの作用」が書かれていますか。それぞれ書きましょう。（一つ10点）

②…〔川岸や川底の岩石をけずる（　　　　）作用。〕

③…〔けずられた小石やどろを運ぶ（　　　　）作用。〕

④…〔運んだ小石やどろを積もらせていく（　　　　）作用。〕

(3) 次のものができることは、②〜④のどの段落に書かれていますか。（一つ5点）

㋐ 河口に三角州ができる。…□の段落

㋑ 谷ができる。…………□の段落

2 ②〜④の段落の初めには、「一つは」「もう一つは」「残りの一つは」とある。これは、①の段落の「三つのはたらき」、「三作用」と対応しているんだね。

36 説明文の読みとり(3)
段落（だんらく）と要点②

月　日
名前
始め　時　分
終わり　時　分
かかった時間　分
とく点　点

1 次の文章を読んで、後の問題に答えましょう。

①星の色は、すべて同じ色ではありません。

②夜空には、赤い星、青白い星、黄色っぽい星など、さまざまな色の星がかがやいています。

③これは、星の表面温度のちがいのためです。表面温度が高いほど青白く、低い星ほど赤っぽく見えるのです。

④また、青白い星はわかく、年をとるにつれて、だんだん赤い星になっていきます。

⑤つまり、星が年をとると、表面温度が下がってきて、赤っぽく見えるのです。

(1) さまざまな色の星があるのは、どうしてですか。（10点）

〔星の表面温度の（　　　）のため。〕

(2) 星の表面温度が次のとき、どんな色に見えますか。（一つ10点）

㋐ 星の表面温度が高いとき。……〔（　　　）見える。〕

㋑ 星の表面温度が低いとき。……〔（　　　）見える。〕

(3) 星が赤っぽく見えるのは、どうしてですか。（　）に合うことばを、⑤の段落（だんらく）からさがして書きましょう。（一つ10点）

〔星が㋐（　　　）と、表面温度が㋑（　　　）くるから。〕

2 次の文章を読んで、後の問題に答えましょう。

①ミミズは、土の中でどんなはたらきをしているだろう。
②木の葉が地面に落ちると、ミミズは、それを食べる。そして、細かいふんをする。これには、栄養分がたくさんふくまれているので、肥（こ）えた土になる。
③また、ミミズが通ったすき間には、水や空気がたくわえられるので、耕（たがや）された土になる。
④このような土は、農作物の生長にとって、とても都合がよいので、たくさんの農作物がとれる。
⑤つまり、ミミズは、地面をそうじしながら、養分の多い土をつくっているといえる。

(1)「肥（こ）えた土」になるのは、どうしてですか。（一つ10点）

ミミズが、㋐（　　　）のたくさんふくまれている㋑（　　　）をするから。

(2)「耕（たがや）された土」になるのは、どうしてですか。（一つ10点）

ミミズが通った㋐（　　　）には、㋑（　　　）がたくわえられるから。

(3)「地面をそうじしながら」とありますが、どんなことを、「地面をそうじする」といっているのですか。（　）に合うことばを、②の段（だん）落（らく）から選んで書きましょう。（10点）

ミミズが、地面に落ちた（　　　）を食べること。

❶では「（星の）表面温度」ということばが、何度か出てくるね。このようにくり返し出てくることばは、重要語句（じゅうようごく）だから注意して読むようにしよう！

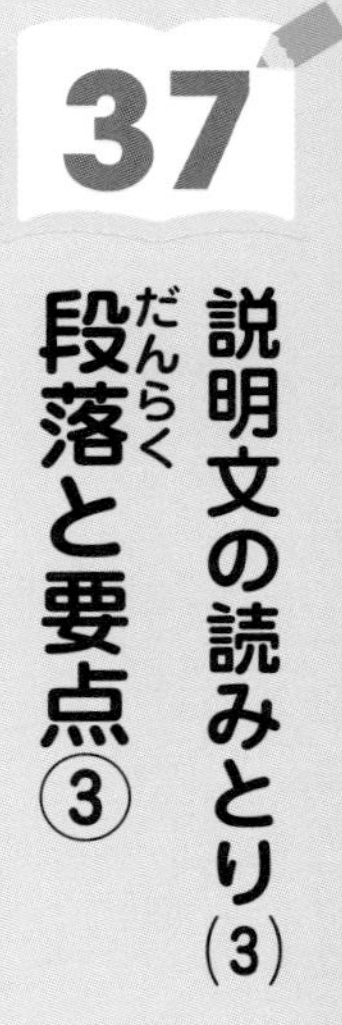

37 説明文の読みとり(3) 段落（だんらく）と要点③

1 次の文章を読んで、後の問題に答えましょう。

①物には、のばされたり、ちぢめられたりして形が変わっても、元にもどろうとする性質（せいしつ）がある。この性質（せいしつ）を利用したものが、ばねである。

②ばねは、つるまきばね・板ばね・うずまきばねの大きく三つの種類に分けられる。

③つるまきばねは、はがねのはり金をらせん状（じょう）※にしたもので、ベッドやいすのクッションなどに使われる。

④板ばねは、細長い板を何まいも重ねたもので、自動車や電車などの車体を支（ささ）える部分などに使われる。

⑤うずまきばねは、帯状（おびじょう）の板をうずまきの形にまいたもので、ぜんまいともいう。ねじを回して動くおもちゃなどには、このぜんまいが使われている。

※らせん状（じょう）…まき貝のように、ぐるぐるとまいた状態（じょうたい）。

(1) ①の段落（だんらく）の要点は、なんですか。（一つ15点）

ばねは、のばされたり、ちぢめられたりして、㋐（　　　　）が変わっても、㋑（　　　　）とする性質（せいしつ）を利用したものである。

(2) ③～⑤の段落（だんらく）は、どんなばねについて書かれていますか。ばねの名前と、何に使われるかをそれぞれ書きましょう。（一つ5点）

	ばねの名前	使われるものや部分
③	（　　　　）	（　　　　）
④	（　　　　）	（　　　　）
⑤	（　　　　）	（　　　　）

2 次の文章を読んで、後の問題に答えましょう。

①さばくに生えるサボテンには、いくつかの共通する特ちょうがあります。
②例えば、葉は、水分のじょう発を防ぐために、とげのように細くなっています。
③また、くきは、水分を多くたくわえられるように、太くなっています。
④それから、根は、少しの水分でもすい上げられるように、長くて四方に張っています。
⑤サボテンには、このような特ちょうがあるので、一年中、ほとんど雨がふらないさばくでも、生きていくことができるのです。

(1) 「共通する特ちょう」として、②～④の段落では、どのようなことを取り上げていますか。それぞれ書きましょう。（一つ5点）

②…葉が、水分の㋐（　　　）を防ぐために、㋑（　　　）のように細くなっていること。

③…くきが、水分を多く㋐（　　　）ように、㋑（　　　）なっていること。

④…根が、少しの水分でも㋐（　　　）ように、長くて㋑（　　　）に張っていること。

(2) 「このような特ちょう」から、サボテンは、どんなところで生きていくことができるのですか。（10点）

一年中、ほとんど（　　　）でも、生きていくことができる。

❶では、三つの種類のばねを③～⑤の段落で述べているね。❷では、サボテンの三つの特ちょうを②～④の段落で述べているよ。

38 説明文の読みとり(3) 構成と要旨①

月　日

名前

始め　時　分　終わり　時　分　かかった時間　分

とく点　点

1 次の文章を読んで、後の問題に答えましょう。

①川の流れには、地形を変える三つのはたらきがあります。これを、流れの三作用といいます。

②一つは、川岸や川底の岩石をけずるしん食作用です。これによって、谷ができます。

③もう一つは、けずられた小石やどろを運ぶ運ぱん作用です。大雨の後や流れの急な場所では、これによって、きょ大な石や岩も運び去られます。

④残りの一つは、運んだ小石やどろを積もらせていくたい積作用です。これによって、河口には三角州ができます。

(1) 次のことがらは、①～④のどの段落に書かれていますか。(一つ10点)

㋐ 運ぱん作用によって、きょ大な石や岩が運ばれる。…□の段落

㋑ しん食作用によって、谷ができる。…………□の段落

㋒ たい積作用によって、河口に三角州ができる。…□の段落

(2) ①～④の段落は、どんな関係ですか。(　)に合うことばを、後の[　]から選んで書きましょう。(一つ10点)

①の㋐(　　　　)を②～④で具体的に㋑(　　　　)している。

[話題 ・ 実験 ・ 説明 ・ 問いかけ]

2 次の文章を読んで、後の問題に答えましょう。

①ミミズは、土の中でどんなはたらきをしているだろう。
②木の葉が地面に落ちると、ミミズは、それを食べる。そして、細かいふんをする。これには、栄養分がたくさんふくまれているので、肥えた土になる。
③また、ミミズが通ったすき間には、水や空気がたくわえられるので、耕された土になる。
④このような土は、農作物の生長にとって、とても都合がよいので、たくさんの農作物がとれる。
⑤つまり、ミミズは、地面をそうじしながら、養分の多い土をつくっているといえる。

(1) 次のことがらは、①～⑤のどの段落に書かれていますか。（一つ10点）

㋐ ミミズが通ると、土が耕される。…………□の段落

㋑ ミミズは細かいふんをするので、土が肥える。…□の段落

(2) 「このような土」では、なぜ、たくさんの農作物がとれるのですか。（一つ5点）

〔農作物の㋐（　　　）にとって、とても ㋑（　　　）がよいから。〕

(3) ⑤の段落は、どんなはたらきをしていますか。□に①～④の番号を書きましょう。（10点）

〔□のぎもんに対する答えになっている。〕

(4) この文章の要旨（筆者が伝えたかった内容の中心）は、なんですか。（一つ5点）

〔ミミズは、地面を㋐（　　　）しながら、㋑（　　　）の多い土をつくっている。〕

2 ①～⑤の段落の関係を調べてみよう。①は問いかけ、②と③で具体的な内容を述べて④でまとめている。そして①に答える形で⑤に結ろんを述べて

39 説明文の読みとり(3) 構成と要旨②

月　日　名前
始め　時　分　終わり　時　分　かかった時間　分
とく点　点

1 次の文章を読んで、後の問題に答えましょう。

①海は、なぜ青く見えるのだろうか。

②これは、太陽の光のせいだ。太陽の光には、ふだん、色があるようには見えないが、本当は、にじのときに見られるように七色がある。

③この光は、それぞれ海水の中でとどくきょりがちがう。例えば、赤色の光は十メートルくらいで、黄色の光は数十メートルしかとどかない。しかし、青色の光だけは、百メートル以上もとどく。

④それで、海の中が青っぽくなる。つまり、海が青く見えるのだ。

⑤しかし、二百メートル以上も深くなると、海面からの光は、すべてとどかなくなるので、昼間でも真っ暗になってしまうのである。

(1) 次のことがらは、①～⑤のどの段落に書かれていますか。（一つ10点）

㋐ 七色の光は、それぞれ海水の中でとどくきょりがちがう。…□の段落

㋑ 深くなると海面からの光はとどかなくなり、昼間でも真っ暗になってしまう。…□の段落

(2) 「海の中が青っぽくなる」のは、どうしてですか。（一つ5点）

ほかの色は、深くまでとどかないけれど、㋐（　　　）の光だけは、㋑（　　　）もとどくから。

(3) この文章は、どのような構成になっていますか。□に①～⑤の段落番号を書きましょう。（一つ10点）

□の問いかけに答える形で、□から⑤で説明している。

2 次の文章を読んで、後の問題に答えましょう。

①むし暑い夏などには、食べ物がくさりやすく、食中毒にかかりやすくなります。
②これを防ぐためには、ふだんの生活の中で、どんなことに気をつければよいでしょうか。
③それには、まず、外から帰ってきたときや、食事の前には、手をよくあらうことです。それに、料理の材料もよくあらい、調理器具などもきれいにして清けつにすることです。
④次に、食中毒のもとになるばいきんを殺すことです。このためには、食べ物によく火を通すようにします。
⑤このようにして、なるべくばいきんが、口の中に入らないようにすることが大切です。

(1) 次のことがらは、①～⑤のどの段落に書かれていますか。（一つ10点）

㋐ 手や料理の材料をあらったり、調理器具をきれいにして清けつにする。…□の段落

㋑ 食中毒を防ぐためには、どんなことに気をつければよいかという問いかけ。…□の段落

(2) 「このようにして」とは、①～④のどの段落をさしていますか。二つ書きましょう。（一つ5点）

□と□の段落

(3) この文章の要旨は、なんですか。（一つ10点）

［食中毒を防ぐには、㋐（　　　　）が、口の中に㋑（　　　　）ようにすることが大切です。］

2 ⑤の段落の「このようにして」は、食べ物にばいきんがつくのを防いだり、ばいきんを殺したりすることをさしているね。

40 説明文の読みとり(3) 構成(こうせい)と要旨(ようし)③

月　日　名前

始め　時　分　終わり　時　分　かかった時間　分

とく点　点

1 次の文章を読んで、後の問題に答えましょう。

①漢字は、中国でできた文字で、日本に伝わったのは、千五百年ほど前のことです。

②漢字には、「日」「月」「木」「山」のように、ものの形を表した絵からできたものがあります。

③このような漢字を組み合わせて、漢字の数は増(ふ)えていきました。例えば、「林」は「木」を二つ合わせてできました。また、「銅(どう)」は、「金(金属(きんぞく)に関係がある)」と「同(ドウという音を表す)」を組み合わせてできた字です。

④このようにしてできた漢字には、ひらがなやかたかなの文字とちがって、一つ一つに意味があります。

⑤つまり、「銅(どう)」は、同じ音をもつ「動」や「童」や「道」ではなく、「十(じゅう)円銅貨(えんどうか)」といえば、「銅(どう)」の字しか当てはまらないのです。

⑥このようなことから、漢字は、なかなか味わいの深い文字といえるでしょう。

(1) 漢字のでき方は、①〜⑥のどの段落(だんらく)に書かれていますか。二つ書きましょう。（一つ10点）

□と□の段落(だんらく)

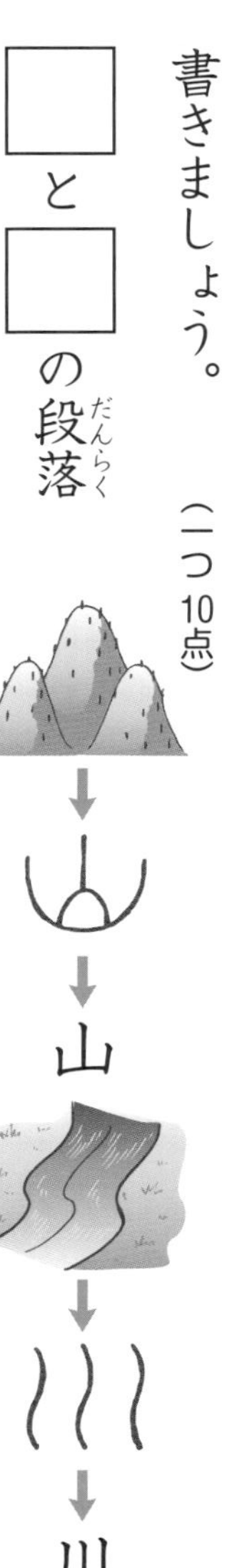

(2) この文章の要旨(ようし)は、なんですか。（一つ15点）

漢字には、一つ一つに㋐（　　　）があるので、なかなか㋑（　　　）文字といえる。

2 次の文章を読んで、後の問題に答えましょう。

①コウモリは、※超音波を出して飛んでいる。だから、真っ暗な所でも、自由に飛べる。

②では、どのようにして超音波を使っているのだろうか。

③このことをくわしく説明すると、コウモリは、鼻や口から超音波を出し、それが物にぶつかってはね返ってくるまでの時間や方角の変化によって、どこに物があるかを知り、ぶつからないで飛んだり、虫をつかまえたりする。

④また、コウモリは、この超音波を交信にも使っている。

⑤例えば、キクガシラコウモリのメスは、暗いどうくつの中で、子どもと超音波で交信しながら、たくさんの中から自分の子どもをさがし当てる。

⑥これは、人の声がそれぞれちがっているように、コウモリの超音波は、一ぴきずつちがう周波数をもっている。親子は周波数がよく似ているので、母親は自分と同じ周波数の子のそばにいって、おなかにだく。

※超音波…人の耳には聞こえない高い周波数の音波。

(1) この文章は、大きく二つのまとまりに分けられます。後のまとまりが始まる段落の番号を書きましょう。(20点)

□の段落

(2) この文章の要旨は、なんですか。(一つ15点)

コウモリは超音波を使っているので、㋐(　　　)な所でも飛べる。また、コウモリは、超音波を親子の㋑(　　　)にも使っている。

2 (1)大きく分けると、①〜③と④〜⑥の二つになるよ。④の「また」は、①〜③の内容とならべるようにして述べているね。

41 確認ドリル(6)

「和紙の心」

月　日

名前

始め　時　分
終わり　時　分
かかった時間　分

とく点　点

1 次の文章を読んで、下の問題に答えましょう。

1 これらの洋紙と和紙には、どのようなちがいがあるのでしょうか。

2 洋紙の原料は、木の幹の部分です。

3 洋紙作りでは、まず、木の幹の部分を細かくくだいて「チップ」を作ります。次に、チップをかまに運び、薬品を入れて高温で熱します。こうして「パルプ」ができあがります。そして、このパルプに、さらにさまざまな薬品を混ぜ、あみのローラーでうすくのばすと洋紙ができあがります。洋紙は機械を使って作るので、一度にたくさん作ることができます。また、せんいが細かくくだかれているので、洋紙の表面はつるつるしています。

4 和紙の原料は、コウゾ、ミツマタ、ガンピなどの木の皮です。アサを用いることもありますし、沖縄県ではゲットウという植物を用いて作った紙もありま

(1) この文章で、筆者はどんなことを問いかけていますか。（一つ5点）

①(　　　)と②(　　　)には、どのような③(　　　)があるのかということ。

(2) 次のことがらは、1～6のどの段落に書かれていますか。（一つ5点）

㋐ 洋紙の原料は、木の幹である。…□の段落

㋑ 和紙の原料は、植物の木の皮である。…□の段落

(3) 洋紙には、どのような特ちょうがありますか。また、その特ちょうは1～6のどの段落に書かれていますか。（一つ5点）

・一度にたくさん作ることが①(　　　)。
・表面は、②(　　　)している。

…□の段落

す。これらの植物のせんいは、一本一本が長く、たがいにからみやすいので、じょうぶな和紙を作るのに適しています。

5 和紙作りでは、まず、皮をお湯でにてからたたき、せんいをやわらかくほぐしていきます。そして、このやわらかくほぐしたものを水そうに入れて、「すきす」と「すきげた」という道具を使って、人が一まい一まいすいて作ります。ですから、和紙は一度にたくさん作ることができません。けれども、できあがった和紙は、長いせんいがからみ合っているので、じょうぶです。また、目があらいので、さわるとざらざらしていますが、空気や光を通しやすいという性質をもっています。

6 このように、洋紙と和紙では、原料と製法、仕上がりに大きなちがいがあるのです。

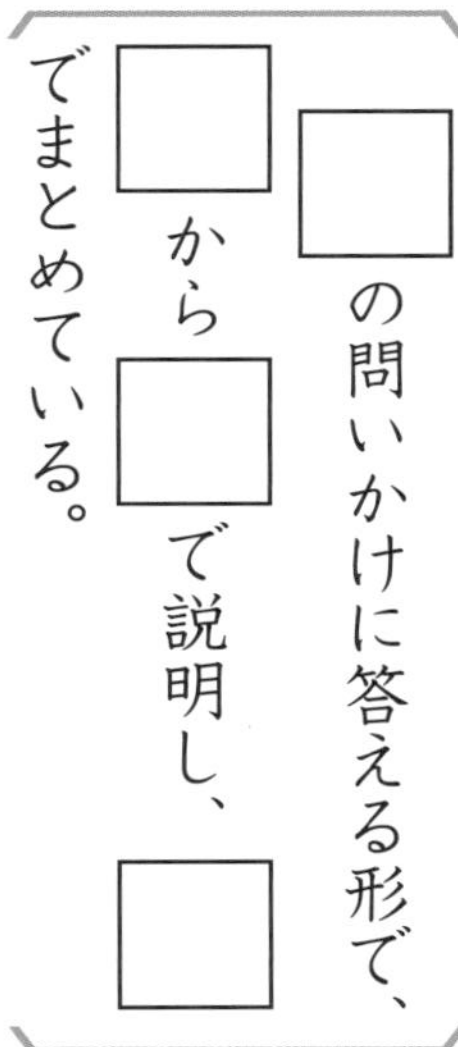

（令和2年度版 学校図書 みんなと学ぶ小学校国語五年上 153～155ページより『和紙の心』町田 誠之）

(4) 和紙には、どのような特ちょうがありますか。また、その特ちょうは 1 ～ 6 のどの段落に書かれていますか。（一つ5点）

・一度にたくさん作ることが ①（　　　）。

・さわるとざらざらしていて、②（　　　）を通しやすい。

…□の段落

(5) 次の作り方は、洋紙と和紙のどちらですか。（10点）

お湯でにてからほぐし、水に入れる作り方…（　　　）。

(6) この文章の要旨は、なんですか。（一つ5点）

洋紙と和紙では、①（　　　）と②（　　　）、③（　　　）に大きなちがいがあること。

(7) この文章は、どのような構成になっていますか。□に 1 ～ 6 の段落番号を書きましょう。（一つ5点）

□から□の問いかけに答える形で、□で説明し、□でまとめている。

それぞれの段落の関係を考えてみよう。文章の前半では問いかけと洋紙について、後半では和紙とまとめについて述べているね。

42 詩の読みとり(1)

「水のこころ」
「水平線」

月　日　名前
始め　時　分
終わり　時　分
かかった時間　分
とく点　点

1 次の詩を読んで、下の問題に答えましょう。

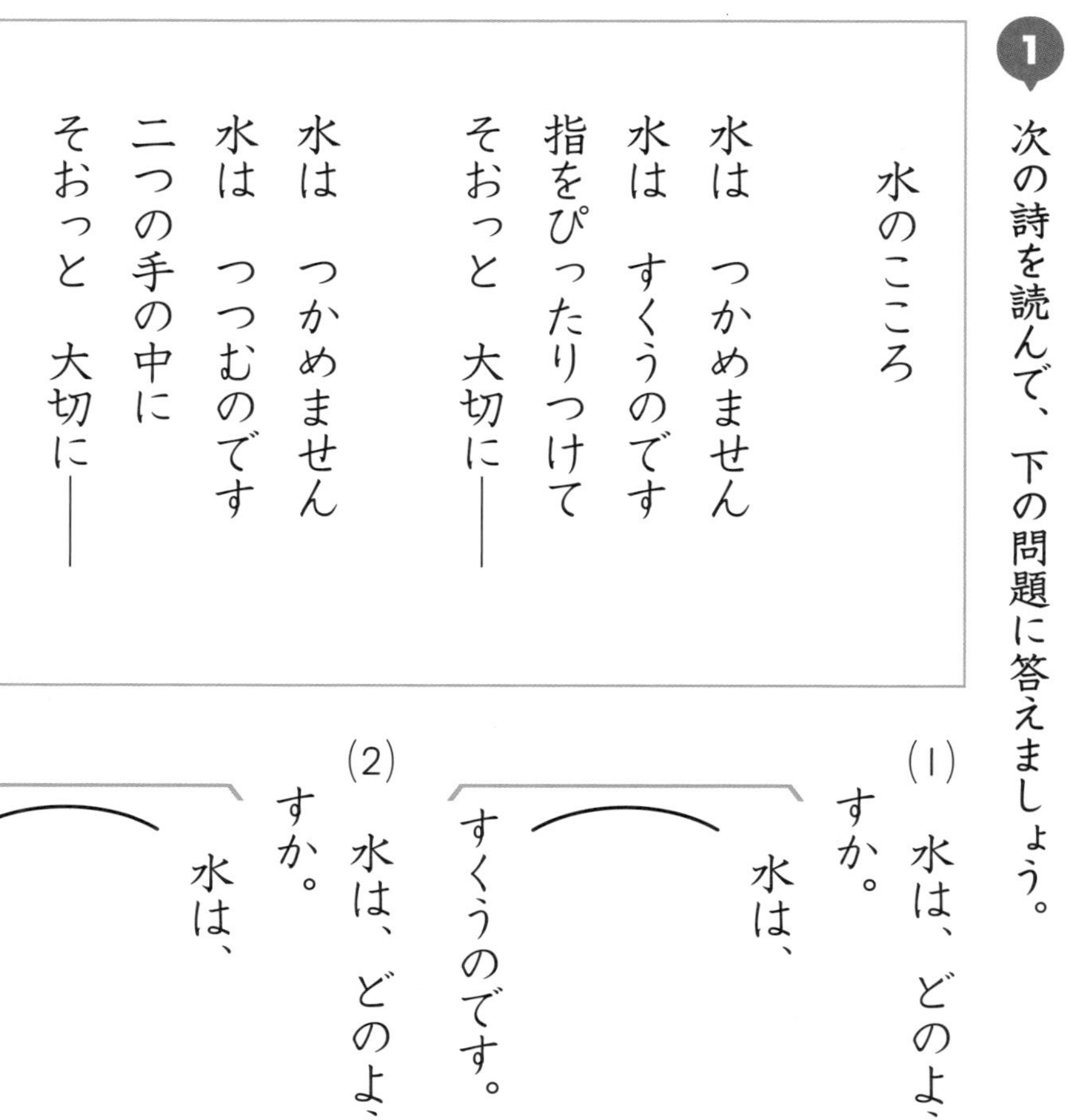

水のこころ

水は　つかめません
水は　すくうのです
指をぴったりつけて
そおっと　大切に――

水は　つかめません
水は　つつむのです
二つの手の中に
そおっと　大切に――

水のこころ　も
人のこころ　も

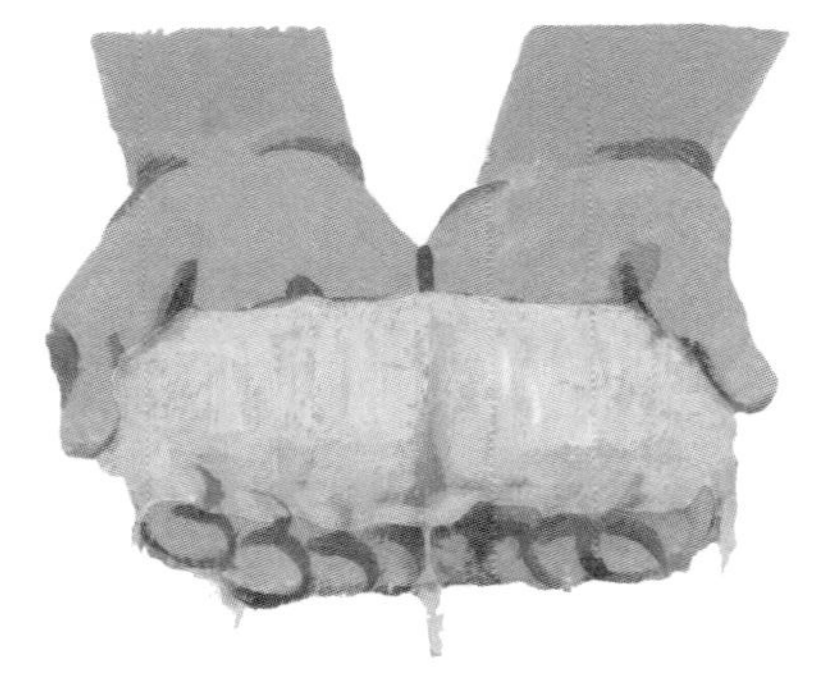

（令和2年度版　東京書籍　新しい国語五　102〜103ページより「水のこころ」高田敏子）

(1) 水は、どのようにすくうのですか。（10点）

水は、（　　　　）すくうのです。

(2) 水は、どのようにつつむのですか。（10点）

水は、（　　　　）つつむのです。

(3) この詩で、作者が言いたかったことは、なんですか。（一つ10点）

水も、人のこころもつかめません。だから、そおっと大切に
①（　　　　）のです。
そして、そおっと大切に
②（　　　　）のです。

2 次の詩を読んで、下の問題に答えましょう。

水平線

㋐
水平線がある
一直線にある
ゆれているはずなのに
一直線にある

㋑
水平線がある
はっきりとある
空とはちがうぞと
はっきりとある

㋒
水平線がある
どこまでもある
ほんとうの強さみたいに
どこまでもある

（令和２年度版 教育出版 ひろがる言葉 小学国語五上 10〜11ページより「水平線」小泉 周二）

(1) 「…ある」のくり返しは、どんな印象をあたえていますか。一つ選んで、○をつけましょう。（10点）

㋐（　）軽やかな印象。
㋑（　）どっしりとした印象。
㋒（　）消え入りそうな印象。

(2) 〰と同じように、二回くり返している部分を二つ書きましょう。（一つ10点）

〔　　　　〕
〔　　　　〕

(3) 水平線がずっとのびているように見えることを表現した部分は、㋐〜㋒のどれですか。記号を書きましょう。（15点）

〔　　〕の部分。

(4) この詩で、作者が言いたかったことは、なんですか。（15点）

〔どこまでもはっきりと存在している、（　　　　）の力強さ。〕

❶は、水と人のこころが似ていることに注目して作られた詩だね。どんなところが似ているのかな。❷は、水平線が「ある」という力強さが伝わってくるね。

43 詩の読みとり(2)

「今日はきのうの続きだけれど」「ぼくらのもの」

月　日　名前

始め　時　分　終わり　時　分　かかった時間　分

とく点　点

1 次の詩を読んで、下の問題に答えましょう。

今日はきのうの続きだけれど

今日はきのうの続きだけれど
朝ごとに目覚めるように
いちにちは　日々に新しい　あ

きのうのぬくもりを肌に
今日のつめたい服を着よう　い

ちょっとひざまずいて
祈りに似た気持ちで
手早く服を着よう

窓をあけて
きのうとは違う
新しい季節の顔に
あいさつを送ろう

雨でもよし　風でもよし
曇りでも　嵐でもよし　う

わたしの今日は
これからはじまる。

（平成27年度版 学校図書 みんなと学ぶ 小学校国語五年上 見返し～一ページより「今日はきのうの続きだけれど」みつはしちかこ）

(1) あには、どんなことが書かれていますか。（一つ10点）

今日はきのうの①（　　）だけれど、
今日は②（　　）
いちにちであること。

(2) いの中の「ぬくもり」と対になる表現は、なんですか。（10点）

きのうのぬくもり
⇔
今日の（　　）服

(3) うで表現されていることは、なんですか。一つ選んで、○をつけましょう。（10点）

ア（　）どんな服を着ても、今日はきのうと違うこと。

イ（　）どんな時間に起きても、今日はきのうと違うこと。

ウ（　）どんな天気でも、今日はきのうと違うこと。

(4) この詩で、作者が言いたかったことは、なんですか。（10点）

きのうとは違う、今日という新しいいちにちが、これから
（　　）ということ。

❷ 次の詩を読んで、下の問題に答えましょう。

ぼくらのもの

大きくなったら
なにになるんだ、
そう聞かれたが
まだわからない。
波止場に立って、
波がさわぐ
どこへだって
自由に船出できる朝の
海にあふれるきらめき。
そうなんだ、
わかってる、
それだけはぼくらのもの
ぼくらのものだ。

大きくなったら
なにになるんだ、
そう聞かれたが
まだわからない。
風がはしる
広場のはての、
ちからづよく
しっかり枝を交す森に
星があんなにゆれている。
そうなんだ、
わかってる、
あれだけは［　　］
ぼくらのものだ。

（令和2年度版　東京書籍　新しい国語五　見返し〜一ページより「ぼくらのもの」与田準一）

(1) 将来何になるのかについて、どう答えていますか。一つ選んで、◯をつけましょう。（10点）

ア（　）まだわからない。
イ（　）もうわかっている。

(2) 「自由に船出できる朝」とは、どのようなことを表現していますか。一つ選んで、◯をつけましょう。（10点）

ア（　）ある所にだけ行けること。
イ（　）どこへでも行けること。
ウ（　）どこへも行けないこと。

(3) 「しっかり枝を交す森」とは、どのようなことを表現していますか。一つ選んで、◯をつけましょう。（10点）

ア（　）だれとも交わらないこと。
イ（　）一つだけ交われること。
ウ（　）たくさんと交われること。

(4) ［　　］には、どんなことばが入りますか。詩の中のことばを書きましょう。（10点）

〔　　　　〕

(5) この詩で、作者が言いたかったことは、なんですか。（10点）

〔ぼくらは、これからなにになるかはわからないが、無限の可能性があることは（　　　　）。〕

❶は今日という日について、❷はこれから羽ばたくぼくらについての詩だよ。どちらも、明るくかがやく印象を受けるね。

月　日　名前

始め　時　分　終わり　時　分　かかった時間　分

とく点　点

1 次の文章を読んで、下の問題に答えましょう。

「ぼく」が小さかったころ、「ぼく」とおじいちゃんは毎日のように、お散歩を楽しんでいました。

でも、新しい発見や楽しい出会いが増えれば増えるだけ、こまったことや、こわいことにも出会うようになりました。

①お向かいのけんちゃんは、わけもなくぼくをぶつし、おすましのくみちゃんは、ぼくに会うたびに顔をしかめます。犬はうなって歯をむき出すし、自動車は、タイヤをきしませて走っていきます。

飛行機は空から落ちることがあるのも知ったし、あちらにもこちらにも、②おそろしいばいきんがうようよしてるってことも知りました。いくら勉強したって読めそうにない字があふれているし、何だか、このまま大きくなれそうにないと、思えるときもありました。

(1) 「新しい発見や楽しい出会い」が増えると、どんなことに出会うようになりましたか。 (10点)

(　　　　)

(2) 次のうち、「ぼく」が実際に体験したことには○を、知ったことには△を書きましょう。 (一つ5点)

ア(　)くみちゃんが会うたびに顔をしかめること。
イ(　)自動車がタイヤをきしませて走ってくること。
ウ(　)飛行機が空から落ちること。
エ(　)けんちゃんがわけもなくぶつこと。

(3) 「何だか、このまま大きくなれそうにない」から、「ぼく」のどんな気持ちがわかりますか。後の[　]から選んで書きましょう。 (10点)

大人になることを、(　　　　)気持ち。

・期待する　・不安に思う
・あきらめる　・情けなく思う

だけどそのたびに、おじいちゃんが助けてくれました。

おじいちゃんは、ぼくの手をにぎり、おまじないのようにつぶやくのでした。

「だいじょうぶ、だいじょうぶ。」


「だいじょうぶ、だいじょうぶ。」

それは、無理してみんなと仲良くしなくてもいいんだってことでした。

「だいじょうぶ、だいじょうぶ。」

それは、わざとぶつかってくるような車も飛行機も、めったにないってことでした。

「だいじょうぶ、だいじょうぶ。」

それは、たいていの病気やけがは、いつか治るもんだってことでした。

それは、言葉が分からなくても、心が通じることもあるってことでした。

それは、この世の中、そんなに悪いことばかりじゃないってことでした。

（　）部分要約

（令和2年度版 東京書籍 新しい国語五 19〜21ページより『だいじょうぶ だいじょうぶ』いとうひろし）

(4) 「助けてくれました」とありますが、おじいちゃんはどのようにして助けたのですか。（20点）

〔　　　　〕

(5) ①〰〰、②〰〰について、おじいちゃんは「ぼく」にどう教えていますか。（一つ15点）

①〰〰について

〔　　　　〕

②〰〰について

〔　　　　〕

(6) おじいちゃんは、どんな気持ちから「ぼく」に「だいじょうぶ、だいじょうぶ。」と声をかけていたと思いますか。一つ選んで、○をつけましょう。（10点）

ア（　）「ぼく」の心配をしつこいと思う気持ち。

イ（　）「ぼく」を安心させたいと思う気持ち。

ウ（　）「ぼく」の話をくだらないと思う気持ち。

おじいちゃんとの思い出を、「ぼく」が思い出している場面だよ。おじいちゃんの思いを読みとろう。

45 しんだんテスト(2)
「和の文化を受けつぐ ――和菓子をさぐる」

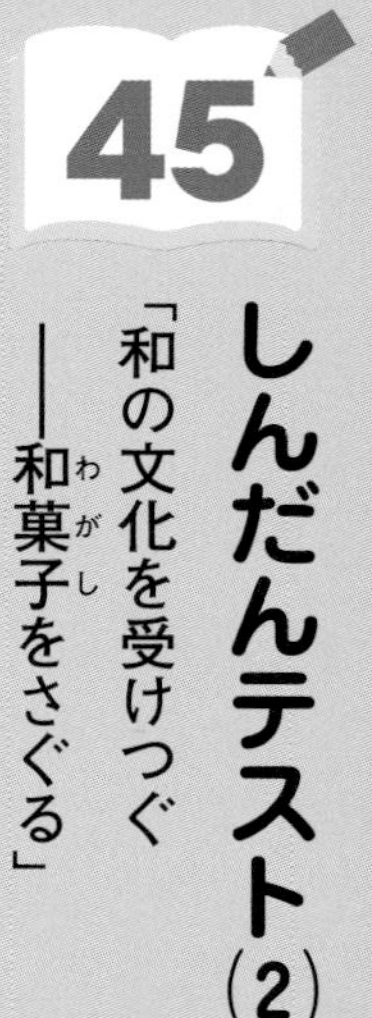

1 次の文章を読んで、下の問題に答えましょう。

　また、和菓子作りには、梅やきくの花びらなどの形を作るときに使う「三角べら」や「和ばさみ」、らくがんを作るときに使う「木型」など、さまざまな道具が必要です。さらに、あずきや寒天、くず粉などの上質な材料も和菓子作りには欠かせませんが、[それら]の多くは、昔ながらの手作業によって作られています。和菓子作りに関わる道具や材料を作る人たちも、和菓子の文化を支えているのです。

　一方、和菓子を作る職人がいても、[それ]を食べる人がいなければ、和菓子はいずれなくなってしまうのではないでしょうか。ですから、わたしたちが季節の和菓子を味わったり、年中行事に合わせて作ったりすることも、和菓子の文化を支えることだといえるでしょう。和菓子は、和菓子作りに関わる職人だけではなく、それを味わい楽しむ多くの人に支えられること

(1) [それら]は、何をさしていますか。（一つ5点）

・和菓子を作るときに使う、「①(　　　)」や「和ばさみ」、「②(　　　)」などの道具

・和菓子作りに欠かせない、③(　　　)や寒天、④(　　　)などの材料

(2) 和菓子作りに必要な道具や欠かせない材料の多くは、どのように作られていますか。（10点）

(　　　)

(3) [それ]は、何をさしていますか。（10点）

(　　　)が作った和菓子

(4) 筆者は、わたしたちがどうすることが和菓子の文化を支えることだと述べていますか。（一つ5点）

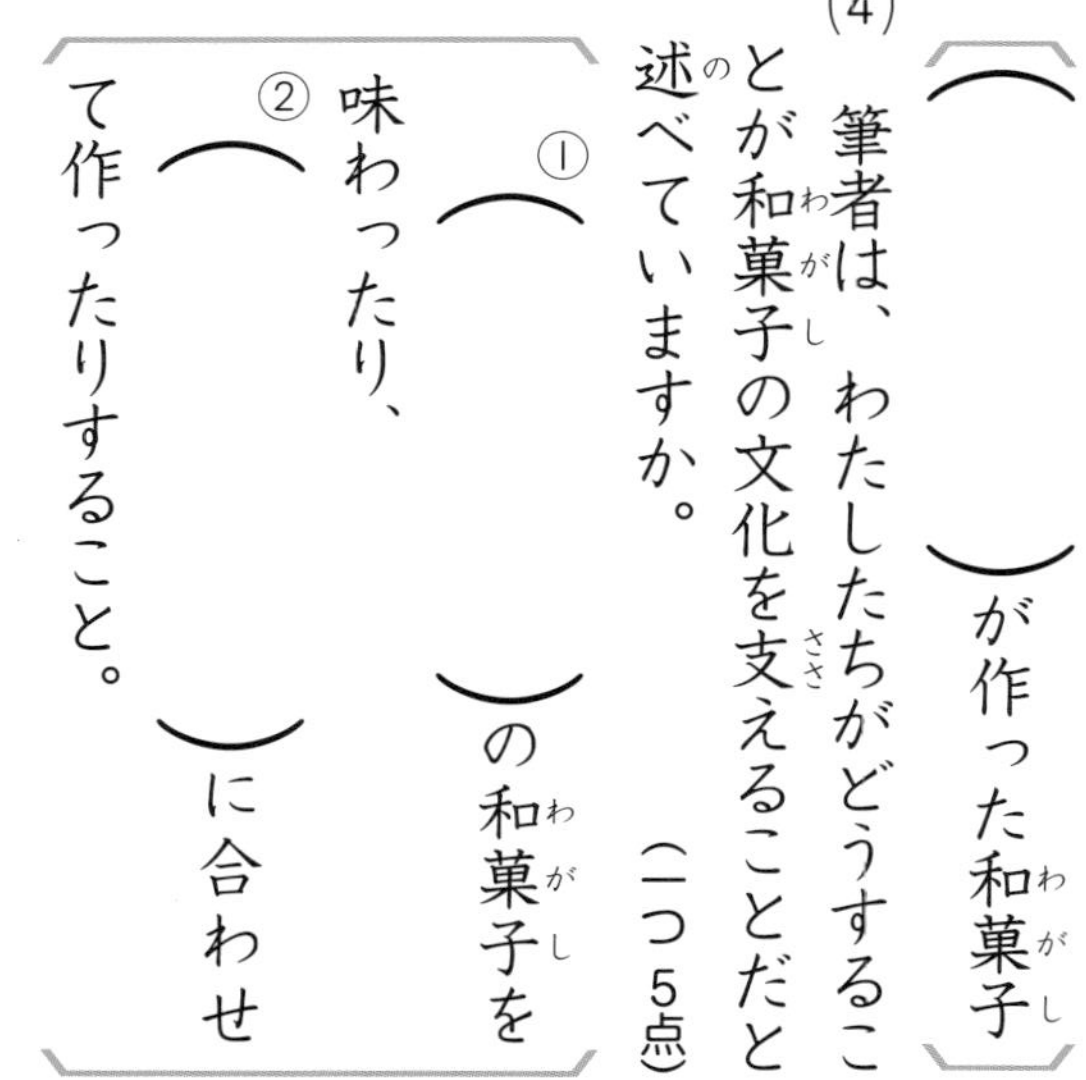

①(　　　)の和菓子を味わったり、②(　　　)に合わせて作ったりすること。

で、現在に受けつがれているのです。

このように、和菓子の世界は、知るほどにおくが深いものです。長い時を経て、それぞれの時代の文化に育まれ、いく世代もの人々の夢や創意が受けつがれてきた和菓子には、おいしさばかりでなく、伝統的な和の文化を再発見させてくれるようなみりょくがあるといえるでしょう。

わたしたちの毎日の生活の中には、和菓子にかぎらず、筆やろうそく、焼き物やしっ器、和紙、織物など、受けつがれてきた和の文化がたくさんあります。そこにどんな歴史や文化との関わりがあるのか、どんな人がそれを支えているのかを考えることで、わたしたちもまた、日本の文化を受けついでいくことができるのです。

（令和２年度版　東京書籍　新しい国語五　149〜150ページより『和の文化を受けつぐ──和菓子をさぐる』中山圭子）

(5) 和菓子の文化を支える人として述べられていないものを一つ選んで、○をつけましょう。（10点）

ア（　）和菓子を作る職人。
イ（　）和菓子作りに関わる道具や材料を作る人。
ウ（　）和菓子をまだ買ったことがない人。
エ（　）和菓子を味わい楽しむ人。

(6) 和菓子には、おいしさのほかにどんなみりょくがあると述べていますか。（10点）

［　　　　　　　　］

(7) 筆者は、「和の文化」についてどんな考えを述べていますか。（一つ10点）

どんな①（　　　　）との関わりあるのか、どんな人が支えているのかを②（　　　　）ことで、わたしたちもまた、③（　　　　）を受けついでいくことができるという考え。

和の文化について、和菓子作りを例に挙げて説明している文章だよ。和菓子は、さまざまな人たちに支えられて現在に受けつがれているんだね。

46 しんだんテスト(3)
「大造じいさんとがん」

月　日　名前

始め　時　分　終わり　時　分　かかった時間　分　とく点　点

1 次の文章を読んで、下の問題に答えましょう。（一つ10点）

（略）はやぶさがこうげきの姿勢をとった時、さっと、大きなかげが空を横ぎった。

残雪（がんの頭領の名前）だ。

大造じいさんは、ぐっと銃を肩に当てて、残雪をねらった。が、なんと思ったか、ふたたび銃をおろしてしまった。

残雪の目には、人間もはやぶさもなかった。ただ、救わねばならぬ仲間のすがたがあるだけだった。

いきなり、てきにぶつかっていった。そして、あの大きな羽で、力いっぱい相手をなぐりつけた。

不意をうたれて、さすがのはやぶさも、空中でふらふらとよろめいた。が、はやぶさもさるものだ。さっと体勢を整えると、残雪のむなもとに飛びこんだ。

ぱっ。ぱっ。

羽が、白い花弁のように、すんだ空に飛び散った。

（一部省略）

(1) 「大きなかげ」は、なんでしたか。

〔　　　　〕

(2) 残雪を見て、大造じいさんは、どうしましたか。

〔銃を肩に当てて、（　　　　）。〕

(3) 大造じいさんが、「銃をおろしてしまった」のは、どうしてですか。

〔残雪の目には、救わねばならぬ（　　　　）しかなかったから。〕

(4) 「不意をうたれ」たのは、何ですか。

〔　　　　〕

(5) □の「ぱっ。ぱっ。」は、なんの様子ですか。

〔残雪とはやぶさがぶつかって、羽が（　　　　）様子。〕

二羽の鳥は、なおも、地上ではげしく戦っていた。が、はやぶさは、人間のすがたをみとめると、急に戦いをやめて、よろめきながら飛び去っていった。

残雪は、むねのあたりをくれないにそめて、ぐったりとしていた。しかし、第二のおそろしいてきが近づいたのを感じると、①残りの力をふりしぼって、ぐっと長い首を持ち上げた。そして、じいさんを正面からにらみつけた。

それは、鳥とはいえ、いかにも頭領らしい、堂々たる態度のようであった。

大造じいさんが手をのばしても、残雪は、もうじたばたさわがなかった。それは、②最期の時を感じて、せめて頭領としてのいげんをきずつけまいと、努力しているようでもあった。

大造じいさんは、強く心を打たれて、ただの鳥に対しているような気がしなかった。


（令和２年度版　教育出版　ひろがる言葉　小学国語五上　97〜99ページより『大造じいさんとがん』椋鳩十）

(6) はやぶさが飛び去っていったのは、どうしてですか。

（　　　　　　　　）が見えたから。

(7) 残雪がはやぶさとの戦いできずついたことがわかる一文をさがして、上の文章の右横に――を引きましょう。

(8) 残雪の①〰の様子を見て、大造じいさんは、どう思ったのですか。

（　　　　　　　　）のようだと思った。

(9) 残雪のどんな様子を見て、大造じいさんは、②〰のように思ったのですか。

［　　　　　　　　］

(10) 大造じいさんは、残雪に対してどんな思いをもちましたか。

［　　　　　　　　］

仲間を助けようとしてきずついた残雪。また、大造じいさんに対しても、頭領らしく堂々としている様子を見て、大造じいさんは、強く心を打たれたんだね。

47 しんだんテスト(4)

「まんがの方法」

月　日

名前

始め　時　分　終わり　時　分　かかった時間　分

とく点　点

1 次の文章を読んで、下の問題に答えましょう。

1 まんがには、「一コマまんが」や「四コマまんが」「ストーリーまんが」など、さまざまな種類があります。形はちがっていても、これらは全て、まんがの仲間とされています。まんがに特有の、共通した表現方法が見られるからです。これを「まんがの方法」とよぶことにしましょう。

2 ここでは、よく親しまれているストーリーまんがを例にとって、そのおもしろさを生み出す「まんがの方法」についてさぐってみることにします。

3 ストーリーまんがは、「コマ」とよばれる四角いわくの中にえがかれた絵を連続させて、表現されます。たいてい、一ページに五個から十個のコマがあり、どの順番で読んでいくのか、おおよそのきまりがあります。ふつうは、上から下へ、右から左へと読んでいきます。

(1) この文章で、「まんがの方法」とはどんな方法を言いますか。1の段落からさがして書きましょう。（10点）

〔　　　〕

(2) 2の段落では、どのような話題を述べていますか。（10点）

〔「まんがの方法」について、（　　　）まんがを例にとってさぐるということ。〕

(3) ストーリーまんがは、どんな絵を連続させて表現されますか。（一つ5点）

〔①「（　　　）」とよばれる②（　　　）の中にえがかれた絵。〕

(4) 次のようなコマの表現方法を行うと、どんな効果が生まれますか。（一つ10点）

① 細かいコマや小さなコマをくり返す。

〔　　　〕

② 大きなコマや変わった形のコマを入れる。

〔　　　〕

4 コマは、物語の展開に重要な役割を果たします。細かいコマや小さなコマがくり返されると、物語のテンポが速まり、大きなコマや変わった形のコマが入ると、場面の印象が強まります。数種類のコマを組み合わせて、回想や想像、夢など、時間や心の動きを表現することもあります。（一部省略）

5 また、コマと同じくらい重要なものに、登場人物たちの話すせりふ（言葉）があります。せりふは、ふつう、「フキダシ」とよばれる円形のわくの中に、本などで使われる印刷用の文字で入っています。そのせりふがどの人物のものなのかは、人物とフキダシとの位置関係からわかります。

6 フキダシではなく、絵の中に直接、手で文字がえがかれていることもあります。これも「まんがの方法」の一つで、人物の心の動きや動作、音などを強調しています。

（令和2年度版 教育出版 ひろがる言葉 小学国語五下 89～91ページより『まんがの方法』石田佐恵子）

(5) 数種類のコマを組み合わせると、何を表現することもできますか。（10点）

〔回想や想像、夢などの（　　　　）。〕

(6) 「登場人物たちの話すせりふ（言葉）」とありますが、まんがでは、何だれがどの言葉を話しているかは、何からわかりますか。（一つ5点）

〔①（　　　　）と②（　　　　）の関係からわかる。〕

(7) 絵の中に直接、手でえがかれた文字は、何を強調していますか。（10点）

〔　　　　〕

(8) 次のことがらは、1～6のどの段落に書かれていますか。（一つ10点）

㋐ コマには、どの順番で読むのかのおおよそのきまりがある。……□の段落

㋑ せりふは、フキダシの中に、印刷用の文字で入っている。……□の段落

「まんがの方法」についてしょうかいしている文章だよ。まんがには、コマやフキダシといった重要な要素があるんだね。

48 しんだんテスト(5)

「注文の多い料理店」

月　日　名前

始め　時　分　終わり　時　分　かかった時間　分　とく点　点

1 次の文章を読んで、下の問題に答えましょう。

二人(ふたり)は戸を開けて中に入りました。

戸のうら側には、大きな字でこう書いてありました。

【いろいろ注文が多くてうるさかったでしょう。お気の毒(どく)でした。もうこれだけです。どうか、体中に、つぼの中の塩をたくさんよくもみこんでください。】

なるほどりっぱな青い瀬戸(せと)の塩つぼは置いてありましたが、今度という今度は、二人(ふたり)ともぎょっとして、おたがいにクリームをたくさんぬった顔を見合わせました。

「どうもおかしいぜ。」

「ぼくもおかしいと思う。」

「たくさんの注文というのは、向こうがこっちへ注文してるんだよ。」

「だからさ、西洋料理店というのは、ぼくの考えるところでは、西洋料理を、来た人に食べさせるのではなくて、来た

(1) ▭を読んだとき、二人(ふたり)はどんな様子でしたか。（一つ10点）

二人(ふたり)とも①(　　　)として、顔を②(　　　)。

(2) 二人(ふたり)はなぜ「おかしい」と考えましたか。一つ選んで、○をつけましょう。（10点）

ア(　)瀬戸(せと)の塩つぼがりっぱすぎるから。

イ(　)注文してくる内容(ないよう)が多すぎるから。

ウ(　)注文してくる内容(ないよう)が変だから。

(3) 「しんしが考えていた西洋料理店」と「二人(ふたり)が入った西洋料理店」は、どんな店ですか。（一つ10点）

① しんしが考えていた西洋料理店

② 二人(ふたり)が入った西洋料理店

「人を西洋料理にして、食べてやるうちと、こういうことなんだ。これは、その、つ、つ、つ、つまり、ぼ、ぼ、ぼくらが……。」

がたがたがたがた、ふるえだして、もうものが言えませんでした。

「その、ぼ、ぼくらが、……うわあ。」

がたがたがたがた、ふるえだして、もうものが言えませんでした。

「にげ……。」

がたがたしながら、一人のしんしは後ろの戸をおそうとしましたが、どうです、戸はもう一分も動きませんでした。

おくの方にはまだ一枚戸があって、大きなかぎあなが二つ付き、銀色のホークとナイフの形が切り出してあって、

【いや、わざわざご苦労です。たいへんけっこうにできました。さあさあ、おなかにお入りください。】

と書いてありました。

※一分…約三ミリメートル。
※ホーク…フォークのこと。

（令和2年度版 東京書籍 新しい国語五 127〜129ページより『注文の多い料理店』宮沢賢治）

(4) 「ぼくらが……」とありますが、「……」に入る言葉を考えて書きましょう。（10点）

(5) 二人のどんな様子から、おそろしがる気持ちがわかりますか。一文を書きぬきましょう。（10点）

(6) 〜〜〜から、どんなことがわかりましたか。（10点）

二人は、この店から（　　　）ということ。

(7) 「おなかにお入りください」にこめられた、二つの意味を書きましょう。（一つ10点）

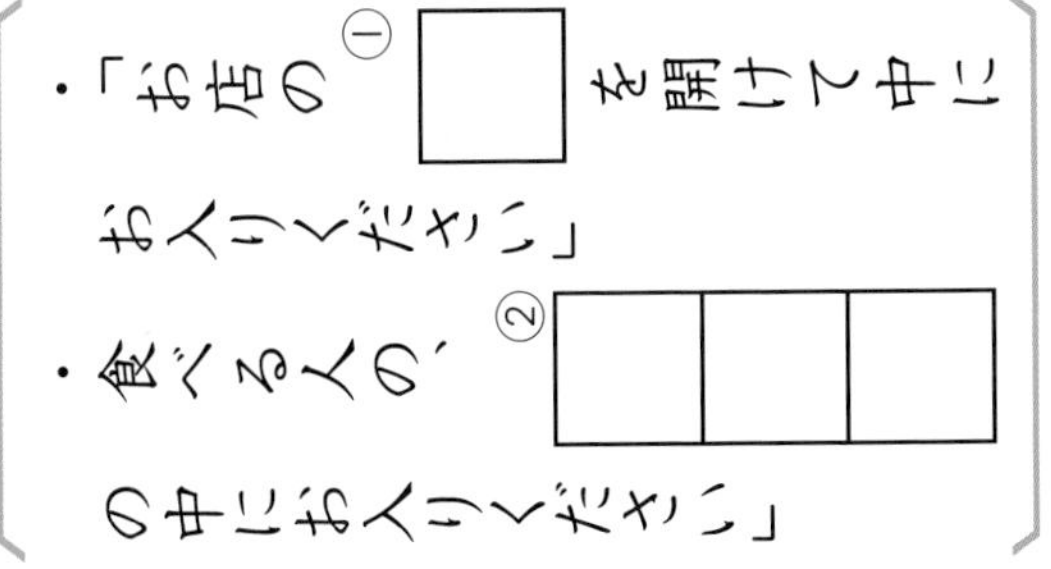

・「お店の① □ を開けて中にお入りください」
・食べる人の、② □□□ の中にお入りください」

二人のしんしが、西洋料理店に入って注文を受けている場面だよ。戸に書かれたことばの意味を読みとりながら、しんしたちの状況をとらえよう。

49 発展(はってん)テスト(1)

「テレビとの付き合い方」

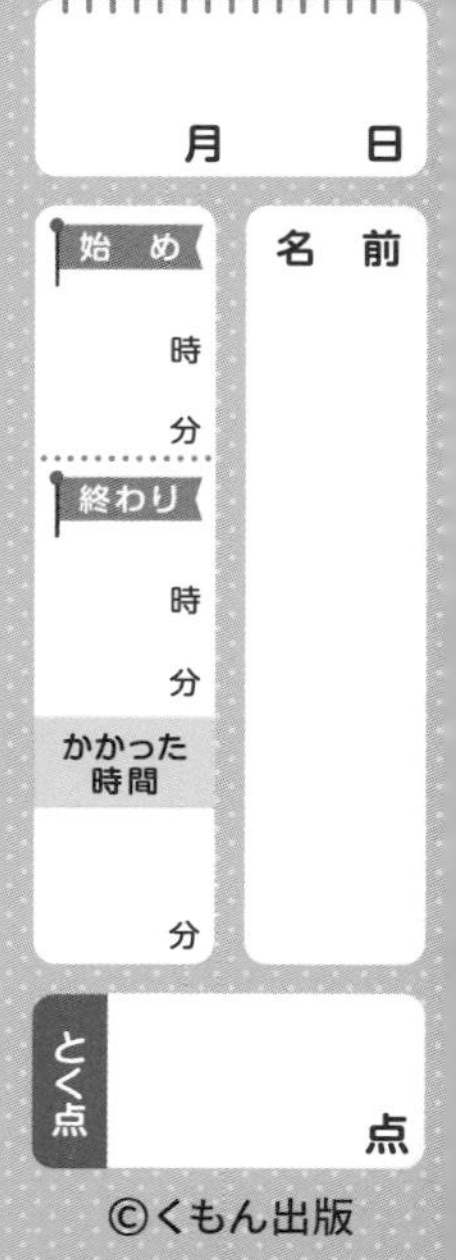

月　日　名前　始め　時　分　終わり　時　分　かかった時間　分　とく点　点

1 次の文章を読んで、下の問題に答えましょう。

1（一部省略(しょうりゃく)）テレビの送り手が集め、選び、編集(へんしゅう)してとどける情(じょう)報(ほう)の数々は、実際(じっさい)の出来事にふくまれるぼうだいな量の情報(じょうほう)のほんの一部です。テレビの送り手は、さまざまな出来事の中から、だれにでも受け入れてもらえそうな、［そのごく一部］をカメラで切り取っていくだけです。何万倍もある報道(ほうどう)されなかった事実の中には、報道(ほうどう)された事実よりもっと重要な情報(じょうほう)もたくさんあるでしょう。

2このことを、分かりやすく図に表してみましょう。上の図の、黒くぬりつぶした部分だけをテレビカメラが切り取ります。すると、わたしたちは黒い部分が全てであるかのような錯覚(さっかく)におちいってしまいがちです。本当は、黒い部分よりもはるかに広い白い部分があ

(1) テレビの送り手がとどける情報(じょうほう)の数々は、どんなものですか。（一つ5点）

実際(じっさい)の出来事にふくまれる①（　　　）量の情報(じょうほう)の②（　　　）である。

(2) ［そのごく一部］は、何をさしていますか。（10点）

□□□□□□のごく一部

(3) 筆者は、どのようなことを伝えるために図を用いましたか。（一つ10点）

報道(ほうどう)されなかった事実の中には、報道(ほうどう)された事実よりも重要な①（　　　）もあるということを、②（　　　）伝えるため。

(4) 図の黒い部分と白い部分は、何を表していますか。（一つ5点）

・黒い部分は、テレビで報道(ほうどう)①（　　　）事実。

・白い部分は、テレビで報道(ほうどう)②（　　　）事実。

るのに、その存在をわすれてしまうのです。

3もっと分かりやすく具体的に考えてみましょう。休み時間に広いグラウンドで、いろいろなグループが、サッカーやドッジボール、おにごっこ、なわとびなどで元気に遊んでいるとします。テレビカメラが切り取る黒い部分は、グループの一つ一つであり、一人一人のすがたかもしれません。そして、切り取られた黒い部分に目をうばわれることによって、白い部分に当たるグラウンドいっぱいに広がっている全体は、むしろ見えなくなります。

4テレビ番組の送り手に、白い部分をかくす意図はなくとも、わたしたちのほうが、伝えられる映像の外にある部分を、もう想像しようとしなくなっているのかもしれません。わたしたちは、白い部分のあることをわすれないようにしながら、テレビと付き合う必要があるのではないでしょうか。

（平成27年度版 東京書籍 新編新しい国語五 204～205ページより『テレビとの付き合い方』佐藤 二雄）

(5) 図の黒い部分だけをテレビカメラが切り取ると、どうなりますか。（一つ5点）

わたしたちは、①（　　　）が全てであるかのような錯覚におちいり、②（　　　）の存在をわすれてしまう。

(6) 3の段落は、ほかの段落とどんな関係ですか。□に1～4の段落番号を書きましょう。（10点）

3の段落は、□の段落の内容を具体的に説明している。

(7) 3の段落では、黒い部分と白い部分をどんな例で説明していますか。（一つ10点）

①黒い部分

②白い部分

(8) 筆者はテレビとの付き合い方についてどう考えていますか。4の段落をもとにして書きましょう。（10点）

2の段落では、1の段落で述べられたことをわかりやすく説明するために図が使われているよ。図を使って何を説明しているのかを読みとろう。

50 発展テスト(2)

「天気を予想する」

1 次の文章を読んで、下の問題に答えましょう。

[1]では、さらに科学技術が進歩し、国際的な協力が進めば、天気予報は百パーセント的中するようになるのでしょうか。それはかなり現在のわたしの考えです。

むずかしいというのが、現在のわたしの考えです。

[2]天気の予想をむずかしくしている要因の一つに、短い時間に非常にはげしくふる雨などの突発的な天気の変化が挙げられます。上のグラフは、全国で、一時間に五十ミリメートル以上の雨が観測された回数を表したものです。

1時間に50ミリメートル以上の雨が観測された回数

期間	平均
① 1976〜1985平均	174回
② 1986〜1995平均	184回
③ 1996〜2005平均	223回
④ 2006〜2015平均	230回

年	回数
1976	220
1977	169
1978	145
1979	225
1980	156
1981	140
1982	230
1983	186
1984	110
1985	157
1986	103
1987	188
1988	251
1989	190
1990	295
1991	156
1992	112
1993	256
1994	131
1995	158
1996	94
1997	177
1998	331
1999	275
2000	244
2001	206
2002	173
2003	182
2004	356
2005	193
2006	238
2007	194
2008	254
2009	169
2010	209
2011	275
2012	282
2013	237
2014	237
2015	207

(気象庁資料を再構成)

二〇〇六年からの十年間では、平均して年に二百三十

(1) [1]の段落で、筆者は何について問いかけていますか。(一つ5点)

〔科学技術が進歩し、国際的な協力が進めば、①(　　)は百パーセント②(　　)するようになるのかについて。〕

(2) (1)での問いかけについて、筆者はどのように考えていますか。(10点)

〔　　〕

(3) 「短い時間に非常にはげしくふる雨」とは、どのような天気の変化ですか。(10点)

〔(　　)な天気の変化。〕

(4) 筆者は、どのようなことを伝えるためにグラフを用いましたか。一つ選んで、○をつけましょう。(10点)

ア(　)はげしくふる雨が起きやすい地域があること。

イ(　)はげしくふる雨はどうやって起こるかということ。

ウ(　)はげしくふる雨が全国で多くあること。

月　日　名前
始め　時　分
終わり　時　分
かかった時間　分
とく点　点

回も発生していることが分かります。この中には、短い時間にはげしくふる雨も多くふくまれています。これらの雨は、数十分のうちに急速に発達する積乱雲によってもたらされます。そのため、いつはげしく雨がふりだすのかを正確に予想するのはとてもむずかしいのです。

3もう一つの要因には、局地的な天気の変化が挙げられます。日本は、四方を海に囲まれていて、さまざまな風がふきます。また、山が多く、地形の変化に富んでいます。そのため、風や雲の動きが複雑で、山を一つこえただけで天気がことなることが、しばしばあります。広いはんいの風や雲の動きは分かっても、せまいはんいでは、それがどこでどのように変化するのか、予想するのは簡単ではありません。

（令和2年度版 光村図書 国語五 銀河 271～272ページより『天気を予想する』武田康男）※一部表記を変更しています。

(5) 〰は、グラフの①～④のどの部分を見ればわかりますか。（10点）

［　］の部分。

(6) いつはげしく雨がふりだすのかを正確に予想するのがむずかしいのはなぜですか。（二つ10点）

数十分のうちに ①（　　）が、②（　　）から。

(7) 日本で局地的な天気の変化があるのはなぜですか。二つ書きましょう。（二つ10点）

(8) 文章の中で、筆者の問いに対する答えが書かれている段落を全て書きましょう。（10点）

［　］段落

2の段落では、天気の予想をむずかしくする要因の一つについて、グラフを用いながら説明しているね。グラフを使い、主張に説得力をもたせているよ。

51 発展テスト(3)

「東京スカイツリーのひみつ」

月　日　名前
始め　時　分　終わり　時　分　かかった時間　分　とく点　点

1 次の文章を読んで、下の問題に答えましょう。

1 そして、最後の問題は、高い建物が地しんのゆれのえいきょうを受けやすいということです。地しんが起きたとき、高い建物には「長周期地しん動」というとてもゆっくりしたゆれが起こります。このゆれは、一度起きると、ゆれはばが急激に大きくなり、また、弱まるのに時間がかかってしまいます。そのため、建物自体に大きな負担がかかり、たおれてしまう危険性があるのです。

2 その問題に対処するため、この世界一高いタワーの本体は、どのように設計されて建てられたのでしょうか。

3 東京スカイツリーの本体は、大きく分けると、外側の「とう体」、いちばん内側にある「心柱」、とう体と心柱の間の鉄骨づくりの「シャフト」の三

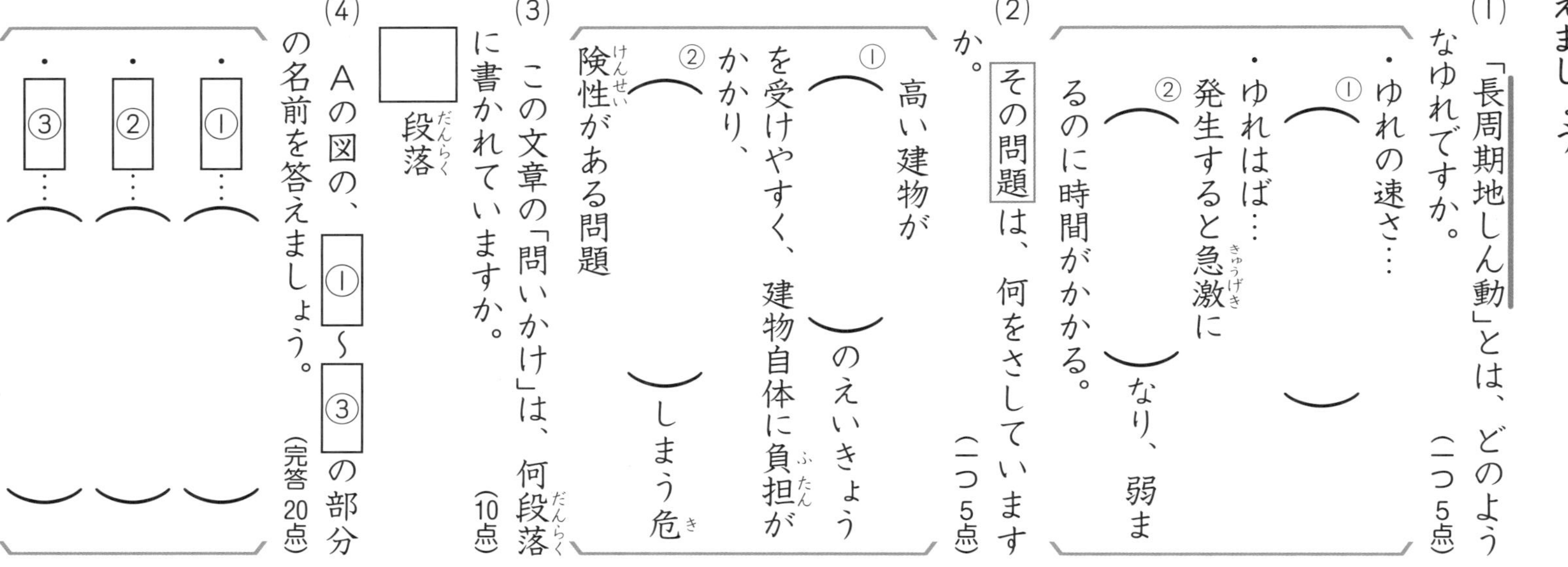

(1) 「長周期地しん動」とは、どのようなゆれですか。（一つ5点）

・ゆれの速さ…①(　　)
・ゆれはば…発生すると急激に②(　　)なり、弱まるのに時間がかかる。

(2) その問題は、何をさしていますか。（一つ5点）

高い建物が①(　　)のえいきょうを受けやすく、建物自体に負担がかかり、②(　　)しまう危険性がある問題

(3) この文章の「問いかけ」は、何段落に書かれていますか。（10点）

□段落

(4) Aの図の、①～③の部分の名前を答えましょう。（完答20点）

・①…(　　)
・②…(　　)
・③…(　　)

つの部分から成り立っています。

4中心にある「心柱」は、鉄筋コンクリートでできた大きな柱のようなものですが、実は、この心柱はタワーの中でつるされていて、心柱ととう体はつながっていません。とう体の中にすきまをつくり、建物と心柱のおもりのゆれのタイミングをずらすことで、建物のゆれを小さくすることができるようにしているのです。

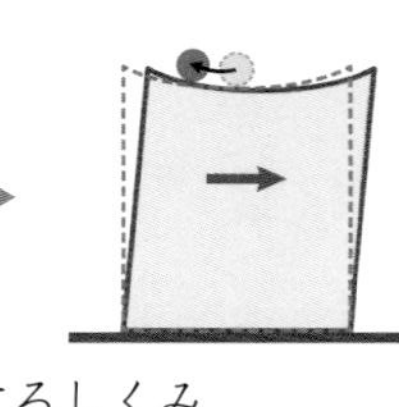

ゆれを小さくするしくみ

5ところで、古い昔に建てられた、奈良の法隆寺や日光東照宮などの五重のとうにも「心柱」がありますが、おどろいたことに、現在まで地しんでたおれた記録がありません。東京スカイツリーの心柱は、昔の建て方をヒントに、新しい技術でつくられているのです。

（令和2年度版 学校図書 みんなと学ぶ 小学校国語五年上 50〜52ページより『東京スカイツリーのひみつ』瀧井 宏臣）

(5) 「心柱」は、どのような設計で建物のゆれを小さくしていますか。（一つ10点）

タワーの中で①（　　）、とう体と
は②（　　）いない
という設計。

(6) Bの図は、どのようなことをわかりやすく表していますか。図から考えて書きましょう。（10点）

建物の本体とおもりが
（　　）方向にゆれるために、ゆれを小さくできるということ。

(7) Bの図のようにするために、「とう体」の中に何を作っていますか。（5点）

〔　　〕

(8) 5段落の内容として正しいものに○を、まちがえているものに×を書きましょう。（一つ5点）

ア（　）法隆寺や日光東照宮などのとうにも「心柱」がある。

イ（　）昔の建築物は、どれも地しんでたおれた記録がある。

ウ（　）東京スカイツリーの心柱は、昔の建て方をヒントにしてつくっている。

AやBの図は、文章の内容をわかりやすく伝えるための図だね。文章のどの部分を図でわかりやすく示しているのかを考えよう。

5年生 文章の読解

答え

- この本では、文章の中のことばを正解としています。似た言い方のことばで答えても構いません。
- ポイントは、考え方や注意点などです。答え合わせをするときに、いっしょに読みましょう。
- 〈 〉や※は、ほかの答え方です。
- （ ）は、答えにあってもよいものです。
- 例の答えでは、似た内容が書けていれば正解です。

1 物語の読みとり(1) 場面の設定① 1・2ページ

❶ (1)あきら
❷ (1)みずき
❸ (1)わたし (2)わたし

ポイント
(2)最後の文には、「だれが」にあたる主語がないね。主語が省かれているときには、前の文の主語（主体）をさがして考えてみよう。

❹ (1)さやか
❺ (1)（妹の）まき (2)わたる
❻ (1)男の子たち (2)ゆき

2 物語の読みとり(1) 場面の設定② 3・4ページ

❶ (1)子ねこ
❷ (1)救急車
❸ (1)朝日 (2)すずめ
❹ (1)チャイム (2)ふうとう
❺ (1)水 (2)小魚
❻ (1)鳴き声 (2)（小さな）明かり

3 物語の読みとり(1) 場面の設定③ 5・6ページ

❶ (1)昨日
❷ (1)休みの日
❸ (1)夏休み
❹ (1)買い物の帰り
❺ (1)水族館
❻ (1)グラウンド (2)保健室
❼ (1)のき先 (2)わたしの家

4 物語の読みとり(1) 場面の設定④ 7・8ページ

❶ (1)グローブ
❷ (1)マミちゃん (2)ぶらんこ
❸ (1)魚つり (2)さお
❹ (1)赤いくつをはいた
❺ (1)色とりどりの (2)青い小さな
❻ (1)手のひらにおさまるくらいの
　※「手のひらにおさまる」でもよい。
(2)茶色いふわふわの

5 物語の読みとり(1) 場面の設定⑤ 9・10ページ

❶ (1)きれいに
❷ (1)急に (2)ぽつんと〈遠くの方に〉
❸ (1)雲一つなく (2)（庭の）あちこちに
❹ (1)鳴きました ※「鳴いた」でもよい。
❺ (1)すりむいた (2)（すぐに）消毒した
❻ (1)①はめてみた ※「はめた」でもよい。
　②（そのグローブを）置いた

6 物語の読みとり(1) 場面の設定⑥ 11・12ページ

❶ (1)台風が過ぎた朝 (2)えみ
(3)ビニールのふくろや紙くず
(4)（何本も）折れていた
(5)お母さんが大切に育てていた
(6)①（庭のあちこちに）散らばって
　②庭木の枝
❷ (1)女の人
(2)二丁目の停留所を過ぎた
　※「停留所を過ぎた」でもよい。
(3)苦しそうに (4)みかの方を向いた
(5)①みか ②返事

7 確認ドリル(1)　13・14ページ

❶ (1)勇太

ポイント この文章の登場人物は、春花、勇太、陸、おばさんだよ。①〜〜は、直前の文から勇太の発言だとわかるね。

(2)春花

ポイント 勇太は名前のことについて春花にたずねているので、子馬の名前を考えていたのは春花だとわかるね。

(3)①もらわれる
②行った先でつけられる
(4)明るい声
(5)ウ
(6)①こまったような
②じっと見ていた
(7)昼休み
(8)紙で折った小さな馬。
(9)なまえつけてよ。
(10)イ

ポイント 子馬の名前をつけられなかった春花の気持ちを思いやって、勇太は紙で折った小さな馬を春花にわたしたんだね。

8 説明文の読みとり(1) 話題と内容①　15・16ページ

❶ (1)夜に光る

ポイント 一文目に「フクロウの目が夜になると光るのは、なぜだろう。」と書かれているね。

❷ (1)①いつ　②できた
❸ (1)①花粉　②実や種
❹ (1)①から　②役目

9 説明文の読みとり(1) 話題と内容②　17・18ページ

❶ (1)あいさつの仕方
※「あいさつ」でもよい。
❷ (1)①温度の変化〈温度〉
②とじたり開いたり
❸ (1)鏡のように

ポイント フクロウの目が「鏡」ではなく「鏡のように」なっているということに注意しよう。

❹ (1)①一九〇四　②レストラン
(2)いそがしさ

10 説明文の読みとり(1) 話題と内容③　19・20ページ

❶ (1)①二十度　②十五度
❷ (1)①入れて　②守っている
(2)①ねばねばした液　②かんそう
※①「液」でもよい。
❸ (1)虫など
(2)①さいた　②かれ落ちて
(3)①おしべ〈お花〉　②めしべ
(4)ビニールのふくろをかぶせた

11 説明文の読みとり(1) 話題と内容④　21・22ページ

❶ (1)①おじぎ　②両手を合わせる
③あく手　④鼻と鼻
(2)①親しみの気持ち　②心と心
❷ (1)消印

ポイント 最初の段落で、ゆう便物の消印について書かれているね。

(2)手紙やはがきの切手
※「切手」でもよい。
(3)①ゆう便局の名前
②年月日と時こく
(4)再度使われる

12 説明文の読みとり(1) 話題と内容⑤ 23・24ページ

❶ (1)水力発電

※「水の力を使って電気を起こすこと」などでもよい。

(2)①ダム　②管　③水車　④発電機

(3)送電線を使って各地に送られ

※「送電線を使って」でもよい。

❷ (1)事故や事件〈事件や事故〉

(2)指令センター

(3)①警察署や交番〈交番や警察署〉

②パトカー

(4)ただち〈すぐ〉

13 確認ドリル(2) 25・26ページ

❶ (1)①事実と結びついて

②同じように

ポイント

最初の段落（だんらく）に、この文章の話題が書かれているよ。

(2)ア・エ

ポイント

二つ目の段落（だんらく）をよく読もう。「最終ランナーのところで、一組が二組をぬいて、勝った」とあるよ。

(3)①夏目　②春村

(4)むずかしい

(5)あざやかにぬいた

(6)ほとんど勝っていたリレーだったのに、本当におしいところで負けた

(7)例事実は同じでも、表現する人の立場や感じ方によって、言葉がちがっている。

ポイント

最後の段落（だんらく）で筆者の考えを述（の）べているよ。

14 物語の読みとり(2) 場面の様子① 27・28ページ

❶ (1)ガタガタ

※「はげしくガタガタ」でもよい。

(2)ガチャン

❷ (1)ごろりと

(2)①ふわふわと〈ふわふわ〉

②ふしぎな

❸ (1)ドスン

(2)①とぼとぼと〈とぼとぼ〉

②もどった

❹ (1)声をあげた

(2)しゃがみこんでしまった

※「しゃがみこんだ」でもよい。

15 物語の読みとり(2) 場面の様子② 29・30ページ

❶ (1)港の景色

※「港」でもよい。

(2)汽笛

❷ (1)もくもくと

(2)①空気　②たちこめます

※②「たちこめる」でもよい。

❸ (1)体を包みこんだ

(2)①水てき　②かがやいて

(3)①水しょう玉　②とう明

(4)①静か　②美しい

16 物語の読みとり(2) 場面の様子③ 31・32ページ

❶ (1)①物置の戸

②（庭の）いちじくの木

(2)①庭の方　②ガチャン

※①「庭」でもよい。

(3)①ぽつぽつ　②はげしく

❷ (1)波打つように

(2)①青草のにおい　②風をきって

(3)魚・グライダー

※順序（じゅんじょ）はちがってもよい。

(4)①気持ちよく　②楽しい

17 物語の読みとり(2) 場面と様子を表す表現 ① 33・34ページ

❶ (1)①ドスン ②とぼとぼ
(2)一生けん命〈けん命〉
(3)喜んでいる

ポイント
「えがおになって、ぴょんととびはねる」のは、どんなときかを考えればいいね。

❷ (1)がっくり
(2)むねをなでおろした
(3)①がっかり ②ほっと

18 物語の読みとり(2) 場面と様子を表す表現 ② 35・36ページ

❶ (1)①草原 ②波打つように
(2)①もぐった ②緑のグライダー
③両手を広げて
(3)①(本当に)大空 ②草原〈緑の海〉

❷ (1)①金貨 ②ちりばめた
(2)長い間
(3)海の底に向かって〈海の底に〉
(4)①少年 ②大物の魚

19 確認ドリル(3) 37・38ページ

❶ (1)全くのちんもく。
※「ちんもく」でもよい。
(2)①声 ②声を出さなかった
(3)しいんと静まり返りました。
〈しいんと静まり返っていた。〉
(4)世界でいちばんやかましい音。
(5)こそこそ

ポイント
□の一つ前の文を読もう。人々は、王子様に悪いことをしたと思ったので、頭をたれてこそこそと帰ろうとしたよ。

(6)①手 ②はしゃいで

ポイント
王子様が喜んでいる様子が読みとれるね。

(7)・小鳥の歌
・木の葉が風にそよぐ音
・小川を流れる水の音
※順序はちがってもよい。
(8)①申しわけなさ ②はずかしさ
③静けさ ④落ち着き
⑤気に入った
※⑤同じ内容が書けていれば正答。

20 説明文の読みとり(2) 文をつなぐことば ① 39・40ページ

❶ (1)ぬれた (2)食べられない

ポイント
(1)「だから」に続くことばだから、前の文の内容から結果が続く言葉を選べばいいね。

❷ (1)だから (2)それで (3)そこで
❸ (1)ぬれなかった (2)食べられた
❹ (1)でも (2)しかし (3)ところが

21 説明文の読みとり(2) 文をつなぐことば ② 41・42ページ

❶ (1)乗った (2)書いた
❷ (1)また (2)そして (3)しかも
❸ (1)しようか (2)しますか
❹ (1)それとも (2)あるいは (3)それとも

22 説明文の読みとり(2) 文をつなぐことば ③ 43・44ページ

❶ (1)しよう (2)読もう
❷ (1)では (2)さて (3)ところで
❸ (1)夏休みだ (2)ふりそうだから
❹ (1)つまり (2)なぜなら (3)つまり

23 説明文の読みとり(2) 文をつなぐことば ④ 45・46ページ

❶ (1)からに体を入れて
❷ ところが
❸ ですから
❹ ①すると ②ところで ③つまり

24 説明文の読みとり(2) さし示すことば① 47・48ページ

1
(1)消しゴム
(2)チューリップ
(3)交差点
(4)花束

2
(1)一一〇番
(2)指令センター

3
(1)サバンナ
(2)草食動物

25 説明文の読みとり(2) さし示すことば② 49・50ページ

1
(1)食中毒

2
(1)①さわった感じ、熱さ、冷たさ、いたさなどを感じとること
②皮ふ感覚
(2)皮ふ感覚

3
(1)地面に落ちた木の葉
(2)細かいふん
(3)ミミズがふんをすることで肥えた土や、ミミズが通ることで耕された土

26 説明文の読みとり(2) さし示すことば③ 51・52ページ

1
(1)物が地面に向かって落ちていくこと
(2)物を引っぱる地球の力

2
(1)夜空には、赤い星、青白い星、黄色っぽい星など、さまざまな色の星がかがやいていること

3
(1)地形を変える三つのはたらき
(2)②川岸や川底の岩石をけずるしん食作用
③けずられた小石やどろを運ぶ運ぱん作用
④運んだ小石やどろを積もらせていくたい積作用

27 確認ドリル(4) 53・54ページ

1
(1)いつの時代でも同じではないのか
(2)五十年
(3)①寿命　②釘
(4)ウ
(5)①古代　②大きさ
(6)イ
(7)イ

ポイント
②の後では、②の前の内容をまとめて「鉄の純度が低い」と述べているよ。

(8)①純度　②現代

ポイント
「これに対して」とあるので、「これ」には古代の鉄と比べる対象が入るよ。

(9)①砂鉄　②たたら　③燃やし
④たたき直して

28 物語の読みとり(3) 人物の気持ち① 55・56ページ

1 (1)うれしく
2 (1)悲しく
3 (1)くやしい
4 (1)楽しい
5 (1)うれしい

ポイント
終わりのほうに「たつやはうれしくなって、〜。」とあるよ。

6 (1)さびしい

ポイント
「ゆみはさびしくなったので、音楽を〜。」という文に注目してね。

29 物語の読みとり(3) 人物の気持ち② 57・58ページ

❶ (1)うきうき

❷ (1)はげしくふみつけた

❸ (1)真っ赤になった〈真っ赤な〉

❹ (1)①（うわあと）大声

②ぱちぱち

ポイント

だいすけは、とつぜんクラッカーを鳴らされておどろいたんだね。

❺ (1)①どきどき

②（キャーと）悲鳴

③うつむいて

30 物語の読みとり(3) 人物の気持ち③ 59・60ページ

❶ (1)宿題のプリント〈宿題〉

❷ (1)①お母さん　②帰ってこない

ポイント

妹の「お母(かあ)さん、まだ、帰ってこない……。」に注目しよう。

❸ (1)①かた　②とぼとぼ

(2)本をなくした

❹ (1)ぜんぜん知らない〈知らない〉

※「ちんぷんかんぷんな」でもよい。

ポイント

なおきの「わあ、ぜんぜん知らない問題だ。」に注目しよう。

(2)頭をかかえた

31 物語の読みとり(3) 気持ちの変化① 61・62ページ

❶ (1)張りきっている

(2)喜ぶ

(3)なみだを流した

❷ (1)はずかしくなった〈はずかしい〉

(2)なつかしくなった〈なつかしい〉

(3)楽しくなった

32 物語の読みとり(3) 気持ちの変化② 63・64ページ

ポイント

初めははずかしくて、仕方なく乗ったまりなだったけれど、乗っているうちに、小さかったころの自分を思い出し、楽しくなったよ。

❶ (1)もう、ミキはいつもずるいんだから。

※「ミキはずるい」という部分が書いてあればよい。

(2)口をとがらせた

(3)（急に、）ぱあっと明るくなった

❷ (1)（とたんに、リズムがくずれて、）息が苦しくなった

(2)①「えり、がんばれ。」　②ゆか

※①「がんばれ。」であったり、「　」（かぎ）がなかったりしてもよい。

(3)なみだがこみ上げてきた

33 物語の読みとり(3) 人がらと主題 65・66ページ

❶ (1)①（キャッチボールをする）約束

②公園

(2)①（どちらかというと）自分勝手

②（少し）気弱

(3)いい考え

❷ (1)①はら　②赤黒い血

※②「血」でもよい。

(2)①やさしく〈急いで〉

②（細く切って）包帯

(3)信じている

34 確認ドリル(5) 67・68ページ

❶ (1)①何も変わらない〈変わらない〉

②新しい

(2)①ひとりぼっち　②なみだ

ポイント

「……ひとりぼっちになったみたいだ。なみだがこみあげて～。」の二文に注目しよう。

(3) イ
(4) クラブ
(5) ①買い物　②ふくろ
(6) ①知らない子
※「名前を知らない子」などでもよい。
②しゃべって〈話して〉
(7) 例さっき話していた子の名前。

ポイント
亮太は「名前は知らないけど、そのうちわかる。」と話しているよ。今は知らない子でも、同じクラブだからそのうち名前などがわかるだろうと思っているんだね。

(8) 期待

35 説明文の読みとり(3) 段落と要点① 69・70ページ

❶ (1) ㋐熱さ　㋑いたさ
※㋐㋑は反対でもよい。
(2) いたさや熱さ〈熱さやいたさ〉
(3) ㋐やけど　㋑かぜ

❷ (1) 地形
(2) ②しん食　③運ぱん　④たい積
(3) ㋐…④　㋑…②

36 説明文の読みとり(3) 段落と要点② 71・72ページ

❶ (1) ちがい

ポイント
さまざまな色の星がある理由は、③の段落に書かれているよ。

(2) ㋐青白く　㋑赤っぽく
(3) ㋐年をとる　㋑下がって

❷ (1) ㋐栄養分　㋑細かいふん
※㋑「ふん」でもよい。
(2) ㋐すき間　㋑水や空気
(3) 木の葉

37 説明文の読みとり(3) 段落と要点③ 73・74ページ

❶ (1) ㋐形　㋑元にもどろう

(2)

	ばねの名前	使われるものや部分
③	つるまきばね	ベッドやいすのクッション(など)
④	板ばね	自動車や電車などの車体を支える部分(など)
⑤	うずまきばね	ねじを回して動くおもちゃ(など)

ポイント
③〜⑤の段落は、それぞれのばねの形状と使われるものについて書かれているよ。

❷ (1) ②㋐じょう発　㋑とげ
③㋐たくわえられる　㋑太く
④㋐すい上げられる　㋑四方

ポイント
②は「葉」、③は「くき」、④は「根」の特ちょうについてだね。

(2) 雨がふらないさばく

38 説明文の読みとり(3) 構成と要旨① 75・76ページ

❶ (1) ㋐…③　㋑…②　㋒…④
(2) ㋐話題　㋑説明

❷ (1) ㋐…③　㋑…②
(2) ㋐生長　㋑都合

ポイント
「このような土」とは、②③の段落に書かれている土のことだよ。

(3) ①
(4) ㋐そうじ　㋑養分

39 説明文の読みとり(3) 構成と要旨② 77・78ページ

❶ (1) ㋐…③　㋑…⑤
(2) ㋐青色〈青〉　㋑百メートル以上
(3) ①・②

❷ (1) ㋐…③　㋑…②
(2) ③・④　※順序はちがってもよい。
(3) ㋐(なるべく)ばいきん　㋑入らない

40 説明文の読みとり(3) 構成と要旨③　79・80ページ

❶ (1)②・③
※順序はちがってもよい。
(2)㋐意味　㋑味わいの深い

ポイント 要旨は、⑥の段落に注目しよう。「このようなこと」のさす内容も考えればいいね。

❷ (1)④

ポイント 段落の初めの、「文をつなぐことば」や「さし示すことば」に注目しよう。

(2)㋐真っ暗　㋑交信

ポイント ①と④の段落に話題が示されているね。これをまとめることで、この文章の要旨になるよ。

41 確認ドリル(6)　81・82ページ

❶ (1)①洋紙　②和紙　③ちがい
※①と②の順序はちがってもよい。
(2)㋐…2　㋑…4
(3)①できます〈できる〉
②つるつる
段落…3
(4)①できません〈できない〉
②空気や光〈光や空気〉
段落…5
(5)和紙

ポイント 5の段落に書かれているね。

(6)①原料　②製法　③仕上がり
※①、②、③の順序はちがってもよい。
(7)(前から) 1・2・5・6

ポイント 問いかけに対する説明をしている2〜5の段落のうち、2・3の段落は洋紙について、4・5の段落は和紙について説明しているね。

42 詩の読みとり(1)　83・84ページ

❶ (1)指をぴったりつけてそおっと大切に
(2)二つの手の中にそおっと大切に
(3)①すくう　②つつむ

❷ (1)イ
(2)・はっきりとある
・どこまでもある
※順序はちがってもよい。
(3)㋒
(4)水平線

ポイント どこまでもはっきりと「ある」という存在は、水平線のことだね。

43 詩の読みとり(2)　85・86ページ

❶ (1)①続き　②(日々に)新しい
(2)つめたい
(3)ウ

ポイント ㋒の部分にある「雨」「風」「曇り」「嵐」は、すべて天気のことだね。

(4)はじまる

❷ (1)ア
(2)イ

ポイント 「船出」という言葉には、「新しい生活を始めること」の意味もあるね。

(3)ウ
(4)ぼくらのもの
(5)わかってる

44 しんだんテスト(1) 87・88ページ

1
(1)こまったことや、こわいこと。
(2)ア○　イ○　ウ△　エ○
(3)不安に思う
(4)例ぼくの手をにぎり、「だいじょうぶ、だいじょうぶ。」とおまじないのようにつぶやいた。
(5)①例無理してみんなと仲良くしなくてもいい。
②例たいていの病気やけがは、いつか治る。
(6)イ

ポイント
「この世の中、そんなに悪いことばかりじゃない」と、「ぼく」を安心させるために声をかけていたんだね。

45 しんだんテスト(2) 89・90ページ

1
(1)①三角べら　②木型
③あずき　④くず粉
※①と②、③と④は、順序がちがってもよい。
(2)昔ながらの手作業。
(3)職人
(4)①季節　②年中行事
(5)ウ

ポイント
筆者は、和菓子作りに関わる職人だけではなく、和菓子を味わい楽しむ多くの人に支えられることによって現在に受けつがれている、と述べているね。

(6)例伝統的な和の文化を再発見させてくれるようなみりょく。
(7)①歴史や文化〈文化や歴史〉
②考える　③日本の文化〈和の文化〉

46 しんだんテスト(3) 91・92ページ

1
(1)残雪〈がんの頭領〉
(2)残雪をねらった
(3)仲間のすがた
(4)はやぶさ
(5)飛び散った
(6)人間のすがた〈大造じいさん〉
(7)残雪は、むねのあたりをくれないにそめて、ぐったりとしていた。
(8)例いかにも頭領らしい、堂々たる態度

ポイント
①〜〜のすぐ後の文に注目しよう。

(9)例（大造じいさんが手をのばしても、）残雪が、もうじたばたさわがなかった様子。
(10)例ただの鳥に対しているような気がしなかった。

ポイント
最後の一文から考えよう。

47 しんだんテスト(4) 93・94ページ

1
(1)まんがに特有の、共通した表現方法。
(2)ストーリー
(3)①コマ　②四角いわく
(4)①物語のテンポが速まる（効果）。
②場面の印象が強まる（効果）。

ポイント
4の段落をよく読もう。コマは物語の展開に重要な役わりを果たし、その例として①や②の効果を説明しているね。

(5)時間や心の動き
(6)①人物とフキダシ〈フキダシと人物〉
②位置
(7)人物の心の動きや動作、音など。
(8)㋐…3　㋑…5

48 しんだんテスト(5)

95・96ページ

❶

(1)①ぎょっ　②見合わせました〈見合わせた〉

(2)ウ

(3)①例西洋料理を、来た人に食べさせる店。

②例来た人を、西洋料理にして食べてやる店。

(4)例食べられてしまうということなんだ

※「食べられる」という内容が書けていれば正答。

(5)がたがたがたふるえだして、もうものが言えませんでした。

(6)出られない〈にげられない〉

(7)①戸　②おなか

ポイント
戸を開けて中に入るということと、食べられておなかの中に入るという二つの意味があるね。

49 発展テスト(1)

97・98ページ

❶

(1)①ぼうだいな　②ほんの一部

(2)さまざまな出来事

(3)①情報　②分かりやすく

ポイント
図の役わりや説明については、2の段落に書かれているよ。

(4)①された　②されなかった

(5)①黒い部分　②白い部分

(6)2

(7)①グループの一つ一つであり、一人一人のすがた。

②グラウンドいっぱいに広がっている全体。

(8)例テレビが伝える映像の外にも情報があることをわすれないようにしながら、テレビと付き合う必要がある。

※4の段落をもとにした内容であれば正答。

50 発展テスト(2)

99・100ページ

❶

(1)①天気予報　②的中

(2)例かなりむずかしい。

(3)突発的

(4)ウ　(5)4

ポイント
「二〇〇六年からの十年間」とあるので、二〇〇六年から二〇一五年までの部分をさがそう。

(6)①積乱雲　②急速に発達する

(7)・例四方を海に囲まれていて、さまざまな風がふくから。

・例山が多く、地形の変化に富んでいるから。

(8)2・3

51 発展テスト(3)

101・102ページ

❶

(1)①(とても)ゆっくり　②大きく

(2)①地しん(のゆれ)　②たおれて

(3)2

(4)①心柱　②シャフト　③とう体

ポイント
3の段落をよく読んで、それぞれの部分の名前を書こう。

(5)①つるされ(ていて)　②つながって

(6)例反対　※「逆」などでもよい。

ポイント
図の矢印の方向をよく見よう。建物とおもりのゆれが反対方向になっていることがわかるね。

(7)すきま

(8)ア…○　イ…×　ウ…○

ポイント
法隆寺や日光東照宮などの五重のとうには、地しんでたおれた記録はないと書かれているね。